新幹線ネットワークはこうつくられた

技術の進化と現場力で築いた3000キロ

髙松良晴
Takamatsu Yoshiharu

交通新聞社新書 115

新幹線ネットワークはこうつくられた――目次

※本文に記載の市町村・企業・団体などの名称は、原則として当時のものです。現在の名称とは異なる場合があります。
また、本文掲載の写真は、特記以外、交通新聞社所蔵の写真です。

はじめに

新幹線とは、その主たる区間を時速200km以上の高速で走行できる幹線鉄道のことである。

新幹線ネットワークは、日本列島を結び、北は札幌駅まで工事が進み、南は鹿児島中央駅まで開業し、東京〜大阪間を結ぶ超高速のリニア中央新幹線も工事に着手している。新幹線ネットワークの総延長は現在、約3000km（営業キロ）に及ぶ。

1958年（昭和33年）12月12日、池田内閣の交通関係閣僚会議において、東海道新幹線の早期着工が実質的に決定された。その日の夕刻、国鉄総裁・十河信二は、青山墓地に行き、広軌鉄道実現に力を注ぎ、また、尊敬する上司でもあった、鉄道院総裁・後藤新平と仙石貢の墓前に、東海道新幹線実現の報告を行っている。

後藤新平は南満州鉄道総裁として満州内の広軌化を行った。後に、大連〜ハルピン間950kmの広軌に、最高時速130kmの高速特急「あじあ号」が走ることになる。その後、鉄道院初代総裁に就任した後藤は、作業局工作課長の島安次郎に、標準軌化の理論的・技術的検討や計画の具体化を指示した。だが、内閣が代わって「広軌は不要」とされ、国有鉄道の広軌化計画は潰えてしまった。

広軌高速鉄道への思いは受け継がれ、昭和10年代の弾丸鉄道計画につながり、さらには、東海道新幹線へとつながって行く。だが、思いだけで新幹線が実現したわけではない。

我が国の工業技術の蓄積、産業の発展、そのうえでの、安全な高速運転を実現するための技術革新、新幹線をつくる財源、収支が償える旅客需要、時代背景、それらがそろって新幹線は実現する。

国鉄は、東海道新幹線を延伸し、九州・博多へ向けて山陽新幹線の工事を行った。その過程で、１９７０年（昭和45年）５月、全国新幹線整備法（全幹法）が制定された。法により、新幹線各路線の建設は、起終点が示される「基本計画の決定」、主な経過地等が示される「整備計画の決定」、具体的な工事内容が示される「工事実施計画の認可」の手順で行われることとなった。

日本全土に新幹線ネットワークが広がる基本計画路線が決定され、新幹線待望の声が広がった。１９７１年（昭和46年）10月、国鉄は、東北新幹線（東京～盛岡間）及び上越新幹線（大宮～新潟間）の工事実施計画の認可を受け着工した。引き続き、１９７３年（昭和48年）に、東北新幹線（盛岡市～青森市間）、北海道新幹線（青森市～札幌市間）、北陸新幹線（東京都～大阪市間）、九州新幹線（福岡市～鹿児島市間）、九州新幹線（福岡市～長崎市間）の5路線の整備計画が決定された。その後、この5路線は「整備新幹線」と呼ばれることになる。

整備新幹線は、既着工路線に比べ旅客需要が少なく、営業収支を償うのが難しい路線である。それゆえ、利便性向上や経済波及効果の視点から実現が図られてきた。

政府は、1982年（昭和57年）9月、臨時行政調査会の答申を受けて、「国鉄経営の危機的状況に鑑み、整備新幹線計画は、当面見合わせる」との閣議決定を行い、1985年（昭和60年）7月、国鉄再建監理委員会も、「慎重に判断する必要がある」との提言を行った。

国鉄再建監理委員会が慎重な判断を求めたのは、旅客需要の少ない区間に新幹線を建設しても、巨額の赤字を出すばかりでなく、並行在来線も赤字となり、分割民営化後の新会社の経営に大きな影響を与えるからだった。

国鉄時代に着工した、東海道新幹線・山陽新幹線・東北新幹線（東京～盛岡間）・上越新幹線（大宮～新潟間）の建設資金は、国からの利子補給はあったものの、ほとんどが借入金で賄われていた。これらを含む多額な借入金による投資が国鉄の経営破綻を招いた一因とも言われた。

一方、それぞれの地元からの新幹線建設の要望は強かった。整備新幹線問題に対し、自由民主党政権は、いつも、国家財政に配慮せねばならない政府という行政的立場と、選挙公約に早期着工を掲げてきた与党の立場とを微妙に使い分けてきた。

1986年（昭和61年）9月、中曽根首相は、衆議院国鉄改革特別委員会にて、「整備新幹線の問題については、希望の灯は消さない」と答弁した。国鉄改革法が成立した翌年1月、政府はそれまでの「当面見合わす」との閣議決定を取り消し、「財源問題、収支見直し等前提条件を慎重に検討したうえで、その取扱いを決定する」と閣議決定し、建設に向けて一歩踏み込んだ。

整備新幹線の建設は、「建設主体は日本鉄道建設公団（現在の鉄道建設・運輸施設整備支援機構＝鉄道・運輸機構）、営業主体はＪＲ各社、借入金なし、並行在来線はＪＲから経営分離」との基本スキームで再開となった。

整備新幹線の建設は、毎年、予算編成に向けて作成される「政府与党申し合わせ」に基づき進められてきた。長野冬季オリンピック開催に合わせ、北陸新幹線高崎～長野間が開業したのに続き、東北・北海道、北陸、九州３路線が、相互のバランスを取りながら、一歩一歩工事が進み開業してきた。整備新幹線５路線は、紆余曲折を経て、整備計画決定から60年近くかかることになりそうだが、いよいよ整備新幹線全区間の開業が見えてきた。

国鉄時代、東海道新幹線や東京圏都市交通路線での収益を、全国路線維持のための内部補助に振り向けざるを得なかった。一方、分割民営化後のJR各社は、そのしがらみはなくなった。

JR東海は、自らの自己資金である東海道新幹線のキャッシュフローで、リニア中央新幹線（品川～名古屋間）の建設が可能となった。そのうえで、国の法改正を受け、2016年（平成28年）11月から、JR東海は、名古屋～大阪間早期開業のため、鉄道・運輸機構と低利な財政投融資総額3兆円の借入契約を締結した。リニア中央新幹線（品川～大阪間）全通も見えてきた。

新幹線ネットワークの始まりから50余年を過ぎた今、路線ごとの経緯を、巻末記載の参考文献のページを繰り、経済状況、技術革新、政策展開などの時代背景、及び、筆者自身の体験を思い返し、書き綴った。本書は、新幹線の成功物語ではない。歴史は勝者のものだけではない。立場の違う者どうしが対立しながらも、国や地域の将来を想い、お互いに知恵を出し、協議・話し合い、いかにして新幹線ネットワークがつくりあげられたかの物語である。温故知新、お役に立てれば幸いである。

東海道新幹線の開業式。1964年10月1日。東京駅

第1章 東海道新幹線

新幹線のルーツは戦後の鉄道技術の積み上げにあった

1954年（昭和29年）7月に、国鉄鉄道技術研究所客貨車研究室長・三木忠直が「超特急列車の一構想」との論文を発表した。それは、戦後に築かれた鉄道技術の蓄積と世界の鉄道最高速度を参考にして、「狭軌でも車両を軽量化し、重心を低くして流線形にすれば、東京〜大阪間4時間半の特急は十分可能で、都心へのアクセスを考えると飛行機に対抗できる」との趣旨であった。三木の研究は狭軌（1067㎜）で時速150〜160㎞を想定していたが、広軌（標準軌1435㎜）にあてはめれば時速200㎞に相当するものだった。

論文の著者、三木忠直は、海軍航空技術廠で「銀河」「桜花」の機体設計を担当していた。終戦直後、鉄道技術研究所は大勢の多士済々の研究者を採用し、定員500人足らずから1500人近くに増えた。その中には、戦艦大和の設計者の一人だった松本喜太郎（元海軍造船大佐）のように、その後、GHQの公職追放令により去って行った者もいた。鉄道屋だけの世界に、発想の違う元飛行機屋など数多くの人材が入った効果は大きかった。列車動揺を研究した松平精は、鉄道技術研究所に勤めはじめたころの印象として、「海軍で零式艦上戦闘機の振動問題に取り組んできたので、車両の振動問題をやりたい。そこで、多くの関係資料を見たが、車両振動に対する理論解析は皆無でした。これなら自分のやることが一杯ある、と思った」と述べている。

終戦からの10年間、根っからのぽっぽ屋と軍人上がりの混成チームが、鉄道高速化に向けて、多くの技術開発を積み重ねて行った。これまでの鉄道には見られなかった新しい発想のものだった。列挙すれば、コンクリート枕木と継ぎ目のないロングレールの開発、自動検測車両（マヤ車）による軌道状況・電気設備の点検管理、送電ロスの少ない交流電化の採用、集電装置（パンタグラフ）の改良、車内信号を備えた列車集中制御装置の設置、高速車両の蛇行動解析、軽い軸重で乗り心地の良い空気バネの開発により客車列車の最高運転時速が95㎞から１１０㎞へと向上、機関車牽引の客車列車から動力分散方式の長距離・長編成の電車（80系湘南電車、小田急ロマンスカーデハ３０００形、１５１系「こだま」）の実現、風洞実験による車体形状の決定等々である。また、仙山《せんざん》線の北仙台〜作並間23・９㎞に交流電化設備を設置し、１９５４年（昭和29年）９月から1年半にわたって試験も行われた。新幹線の安全な高速運行を支える技術面を構成するパーツが、一つひとつそろってきていた。

紆余曲折を経てたどり着いた工事着工に向けての意思決定

1955年（昭和30年）5月20日、71歳の十河信二が国鉄総裁に就いた。十河が初めて鉄道院に採用されたのは1909年（明治42年）であり、時の鉄道院総裁は後藤新平だった。それから46年、時は、まさに、経済白書が、高らかに「もはや戦後ではない」と宣言した1956年（昭和31年）頃だった。朝鮮戦争を機に経済再建が進むと、旅客・貨物輸送が急増し、特に、東海道ベルト地帯を結ぶ東海道本線では、毎年6％のペースで輸送量が増え続けて、1956年（昭和31年）には飽和状況に達していた。

十河は、就任早々の5月、国鉄部内に「東海道線増強調査会（委員長：島技師長）」を設け、第1回調査会冒頭で、十河は「東海道を増強するのなら広軌で」と言明した。

しかし、技師長の島以外の役員・局長の大半は、冷ややかな反応であった。鉄道斜陽化への危惧、その年の11月には東海道本線がやっと全線電化となること、資金調達の難しさなどを考えたからであった。その背景には、どうやって次世代の鉄道を創りだすか、という進め方に対する考え方の差があった。それは、「東京～大阪間だけに別線の標準軌を敷設しても全国鉄道ネットワークとして機能しない」と、「狭軌のままでは、これまでの在来線のいろいろなことに引きずられて新しい鉄道ができない」との二つの考えのぶつかり合いであった。どちらが保守派、どちらが改革派と、単純に割り切れることではない。本来、保守派とは、単に現状のままで固定しようとしているのでなく、現状を踏まえて無理なく改革を押し進めよう、というのがその姿勢である。今に通じる話である。どちらも真剣だった。反対論は根強く、「東海道線の輸送力増強は、限界に達した区間から順次複々線化すればよい」との狭軌貼り付け案も主張された。

一方、その間、高速道路の建設計画は着々と進んでいた。１９５６年（昭和31年）には、名神高速道路建設に関わりアメリカから来日したワトキンス経済調査団が、「日本には道路建設予定地はあるが、道路はない」との報告書を日本政府に提出した。これが道路建設への追い風となり、翌年４月には国土開発縦貫自動車道建設法が施行され、総延長３７２０㎞の高速道路建設計画が決定した。直ちに、名古屋〜神戸間（名神）は１９６２年（昭和37年）開通を目指し、東京〜名古屋間（東名）も１９６５年（昭和40年）開通を目指し着工した。同時に、中央自動車道の着工も議論されていた。

その頃、長距離の鉄道では、長編成車両の電車が動きだしていた。国鉄は、１９５７年（昭和32年）に、小田急電鉄の連接式軽量特急電車ＳＥ車（Super Express デハ３０００形）を使い、東海道本線で最高時速１４５㎞を記録している。また、同じ年に、高性能通勤電車モハ90形（後の101系）を製作し、それをベースにした長距離高速電車モハ20形（後の151系）で、東海道線全線電化を受け、1958年（昭和33年）11月から、電車特急「こだま」として、東京～大阪間を最高時速110km・6時間30分で結んだ。しかし、東京・大阪日帰りのビジネス特急と宣伝されはしたものの、これは大量の輸送需要に対応する抜本策ではなかった。

そこで、長期計画を担当する国鉄本社審議室では、前述の三木論文を念頭に、他交通機関に勝てる鉄道を創ろうと、対案の検討を進めていた。このような時期及び背景の中、1957年（昭和32年）5月30日13時から、銀座ヤマハホールにて、鉄道技術研究所創立50周年記念行事として、公開講演会「超特急列車、東京・大阪間3時間への可能性」が開かれた。朝からの雨にもかかわらず、後援・朝日新聞社が国電車内に中吊り広告を出したせいか、500人収容の会場は満員であった。

この講演会は、時の鉄道技術研究所長・篠原武司が、鉄道を取り巻く状況と戦後研究された鉄道技術の蓄積とを整理し発案したものであった。講演は、4人により、車両（三木忠直）、軌道（星野陽一）、乗り心地と安全（松平精）、信号保安（河邊一）について行われた。

結論は、「東京～大阪間500kmに、標準軌（1435mm）で、コンクリート枕木、ロングレール軌道の線路を敷設し、最高時速２５０㎞の走行安全性のすぐれた高性能電車を走らせ、信号は車内信号として自動列車制御を行うことによって、安全かつ快適に３時間運転することは可能である」ということだった。波紋は広がって行った。

だが、東海道線増強策について、国鉄部内での議論では、輸送量の見通しと東海道本線の増強の必要性については意見がまとまったものの、輸送量の高速道への転移量、及び、狭軌複々線化案、狭軌別線案、広軌別線案の増強策３案について議論がまとまらず結論が出そうもなかった。そこで、国鉄は、講演会１カ月後の７月に、運輸大臣に東海道線対策についての判断を求めた。これを受け、運輸省は、「日本国有鉄道幹線調査会」を設置し、東海道線の輸送力増強の必要性と緊急性について本格的に議論することとなった。同時に、国鉄でも、新たに本社幹線調査室（室長・大石重成）を設け、具体的な調査計画を進めた。

大石重成は、島技師長からの要請で、洞爺丸事故後対応の北海道支社長からの就任だった。島と大石は、それぞれ青年技師として、弾丸鉄道計画において、島は車両設計、大石は東京～下関間１０００㎞の実地踏査・測量に関わっていた。また、高速鉄道講演会を企画した鉄道技術研究所の篠原武司とは旧制高校・大学土木同級の仲でもあった。

1958年（昭和33年）7月、幹線調査会は「東海道線の行き詰まり打開のため、新規路線を早急に建設する必要があり、その形態は広軌別線電鉄とし、到着時分は東京〜大阪間急行旅客3時間、貨物5時間30分を目標とする。工期は5カ年を目標とし、所要資金は工事費1750億円を要する」と答申した。

着工するには、運輸省内だけでなく、道路、航空、海運を含めて、各省庁にまたがる問題を整理し方針を決める交通関係閣僚会議の承認が必要であった。折から、東京〜大阪間においては、東海道新幹線のみならず、東名・名神の着工や中央自動車道の扱いも議論され、3つのビッグプロジェクトが競い合う状況だった。鉄道斜陽論の中、大規模な鉄道建設が、すんなり認められるかどうかが懸念された。だが、交通関係閣僚会議は、12月12日に、東海道新幹線は早期着工、との結論を出した。

何故そうなったのか。十河以下の根回し、講演会の影響もあった。ちょうど、閣僚会議の1カ月前に走りだした電車特急「こだま」の好評も後押しした。さらには、運輸省事務局の一員であった鉄道局施設課長・田中倫治が作成し、当日配布した説明資料が効果的であった、とも言われた。それは、「広軌鉄道と同じ輸送量を自動車で運ぶには、広軌鉄道幅の8倍、120m幅の道路が必要となる。かかる広い幅の道路を過密な東海道ベルト地帯に通すことは不可能であり、輸送効率から鉄道が極めて有利である」との内容だった。

交通関係閣僚会議の１週間後の12月19日に交通関係閣僚会議の結論は閣議で承認され、東海道新幹線の着工が正式に決定した。そして、翌年の第31国会にて東海道幹線増設費が承認され、「東海道本線東京〜大阪間線路増設工事」が運輸大臣認可となり、東海道新幹線の建設は、１９５９年（昭和34年）４月に着工となった。

営業最高速度２５０km／hを想定して定められた建設基準

●営業最高速度

東海道新幹線の建設基準は、基本的には、標準軌（１４３５mm）、最小曲線半径２５００mなど、弾丸鉄道計画の考えを受け継ぐが、技術開発、周辺環境の変化を受け、電化方式は直流３０００Vから交流２万５０００Vへ、最急勾配は１０００分の15へ、東京〜大阪間の最短到達時間は４時間30分から３時間へと変更した。

到達時間３時間は、営業最高速度２５０km／hで想定したが、１８０km／h以上となると車両に異常振動が生じるとの議論があり、技術研究所に実物大の車両実験設備を造り、２２０km／h、２５０km／hの速度に対応する振動実験を行い確認するとともに、ちょうどその頃、フランスにおいて最高速度340㎞／hの実験も行われたことから、営業最高速度を250㎞／hと想定した。

●軌道間隔

軌間は、世界の鉄道の7～8割が使っている標準軌1435㎜にすることが将来の車両の輸出などに便利であり、特に不都合もないということで標準軌とした。標準軌は欧米で多く使われており、標準軌より幅広なのは、1524㎜は旧ソ連やフィンランド、1600㎜はオーストラリアの一部、1668㎜はスペイン、1676㎜はインドや南アフリカの一部で用いられている。

●車両限界

新幹線の車両限界は、幅3400㎜、高さ4500㎜で、JR在来線の幅3000㎜、高さ4100㎜に比較して一回り大きい。これは、基本的に南満州鉄道の車両限界を踏襲し、幅は、151系の室内寸法をもとに座席幅に余裕を持たせたこと、主要航空機の客室設備を参考にしたこと、及び、在来線の貨物コンテナを横積みした時の寸法にしたことから定められた。高さは、平床貨車の上に高さ3100㎜のセミ・トレーラを積載することを考えた寸法であった。この高さ4500㎜は、2階建て新幹線電車実現の際に活かされている。

なお、ＵＩＣ（国際鉄道連合）の旅客車規格は、幅３１５０㎜、高さ４３２０㎜であり、新幹線より一回り小さい。フランスのＴＧＶの車体幅は２９０４㎜、ドイツのＩＣＥの幅は３０２０㎜、英仏ユーロスターの幅は大陸より小さいイギリスの車両限界に合わせた２８１４㎜で、新幹線電車の車体幅の３３８０㎜よりも３６０〜５６６㎜狭くなっている。車両限界の幅が広い国は、アメリカの３１７５〜３５０５㎜、スウェーデン、中国、韓国の３４００㎜がある。中国、韓国は南満州鉄道の車両限界に準拠したものと思われる。南満州鉄道は、シベリア鉄道と同じ軌間（５ft）でつながっていた東清鉄道が、当時のロシアの車両限界と同じになっていたのを、南満州鉄道とする際にそのまま踏襲し、軌間だけを標準軌に変えたと思われる。

●標準活荷重と設計活荷重

東海道新幹線の橋梁設計には、新幹線構造規則（１９６４年9月30日運輸省令）に規定されている車両標準活荷重N16・P16が使われた。

車両の軸重として、貨物列車（Nimotsu）が車長13・５ｍのN標準活荷重16トン、旅客電車（Passenger）が車長20ｍのP標準活荷重16トンである。同時に、車両実重も16トン以内と規定された。車両実重とは、形式図記載の空車重量（実測値）に所定装備品を搭載し定員乗車の場合の軸重をいう。新幹線の電車荷重は載荷回数が著しく多いので、構造物の疲労強度が低下する。

この対策として東海道新幹線の場合は、構造物の設計において標準荷重を割り増して、いわゆる設計荷重を使用することとし、標準活荷重16トンに対し、設計活荷重18トンのN18・P18とした。

山陽新幹線では、定員を超える乗車を考慮して標準活荷重を1トン増やし、設計活荷重をN19・P19としている。次に、東北・上越新幹線では、雪害対策とともに、P荷重について高速化のための開発要素を考慮して連結器をはさむ軸間距離2・8ｍを3・5ｍに変更した新P17標準活荷重を採用した上での標準活荷重N16・P17から、設計活荷重をN18・P19としている。

北陸新幹線（高崎～長野）着工にあたり、電車専用線、N荷重なし、車両の軽量化を前提として、標準活荷重も設計活荷重もP16とし、疲労の計算もP16で行うことで合意がなされた。

2002年（平成14年）3月、行政改革の一環として、鉄道事業者の自己責任に基づき、国の規制は仕様規制から性能規制に変わる。２００４年（平成16年）に、在来線電車の標準Ｍ荷重とともに、新幹線実車両に合わせた車長25ｍの標準Ｈ荷重が出る。

その後、北陸新幹線長野以北、九州新幹線、北海道新幹線の設計にあたっては、疲労の計算はＨ荷重によるが、断面力は大きくなるＰ16活荷重を用いることになる。ただし、東北新幹線（盛岡〜新青森）は、設計の一貫性から、東京〜盛岡間と同じ設計荷重Ｎ18・Ｐ19で設計している。

なお、国鉄構造物設計事務所の設計資料「東海道新幹線の設計基準」によれば、「活荷重モデルの車長13・５ｍ及び20・０ｍ」は、将来車両改良のため設計変更することを考慮した限度の長さから決めたもので、現在営業車両とは若干異なる。いずれにせよ、「車両設計の最大限度を示すものである」とある。現に、東海道新幹線開業時に予想もしなかった、車長20ｍの新在直通運転の山形新幹線・秋田新幹線用車両や全車両２階建て新幹線Ｍａｘが出現している。

●線路保守

新幹線車輪からの荷重を直接受け、高速運転・蛇行動の車輪を確保するのが軌道、線路である。バラスト（砕石）道床では軌道の状態は変化し易い。高速運転には、軌道間隔、高低、通り、それぞれミリ単位の精度の線路保守が常に求められる。東海道新幹線開業当初から長年、その線路保守の責任者として携わってきた深沢善朗は、後年、次のように述べている。

「軌道保守は新幹線になってからも相変わらず人力依存であったが、大きく変わったのは、保守作業のオール外注と週1回の軌道検測車による走行である。直轄作業では作業の出来栄えを保線魂に頼ってきたが、請負作業では毎週走る検測車の測定結果に基づいて、的確な作業指示と検収が出来るようになり、出来栄えが悪ければ罰金をとるような厳しいルールを適用して、外注軌道作業の腕の向上を図り、概ね成功した」

最後まで残った皇居内堀通り地下の東京ターミナル案

東京ターミナルは、まず東京駅併設案、一方、都市計画的見地からは、飽和点に達している東京駅周辺を避け、東京周辺部の副都心もしくは新しい交通の中心となり得る場所を選ぶべき、との主張が根強くあった。首都圏整備委員会は、品川止まりを主張していた。当時、東海道線遠距離客の都内各駅の集札状況によれば、東京を便とする客3に対し新宿は1に過ぎなかったこと、また、交通機関別の調査によれば、国電乗換60%・乗用車25%・

徒歩15％であることから国電・地下鉄との連絡が必要と考えられた。

国鉄本社新幹線総局工事局長としてルート・駅の計画立案責任者であった宮沢吉弘は、開業後の１９８３年（昭和58年）に、当時の国鉄技師長・高橋浩二の依頼に、次のように回想している。

「最後に残ったのが、東京駅併設案と皇居内堀通り地下案であった。東京駅併設案の利点は、乗り換えの便の良さとともに狭軌分ではあるが用地がすでに確保されていたことだった。国鉄は、幹線調査会発足以前から東海道線の複々線化が必要となると見通し、戦災復興の都市計画において、それを考慮に入れて実施するよう要請していた。東京・有楽町・新橋では、その用地はすでに確保されており、また、東京駅にもホーム３面増設出来るよう、大丸駅ビル建設時に考慮しており、これを利用することが、当時の用地事情から考えて、最も都合がよいことであった。一方、皇居内堀通り地下案の利点は、工事費はかかるが、前後のルートが自由にとれ、特に北へ延ばすにも地下で行くから工事上の事以外困難な事はなく、客車操車場を北方に造ることにより、東京ターミナルでの引き上げが容易で列車の発着本数を増やすことができる。なお、現東京駅とは５００m離れるが、新旧丸ビル間の駅前道路下にムービングフロアで結べばよい。

この両案の優劣ともなると、多分に好き嫌いの問題も入って来るし、部内の意見、質問に従って、両案ともに10余りに及ぶ設計図を示し議論したが、最終的決め手はなかなか見当たらなかった。すでに2年半以上議論してきており、工期も迫ってきたので、東京駅併設案支持と皇居前地下案支持の比率は2対1くらいだったこともあり、悔いが残ったが皇居前地下案を取り下げ、東京駅併設案の採用となった」

『高架鉄道と東京駅に見る先人の知恵』（元国鉄技師長・岡田宏）によると、東京駅併設案を可能としたのは、明治時代末、東京中央停車場建設にあたり、東京駅東側と江戸城外堀（現・外堀通り）との間に濠の舟運との連携を考慮して、広大な貨物駅用地を確保していたことが大きい。当時でも、大都市の中心部に貨物駅を設けることに疑問を感じた向きもあった。だが、鉄道省の岡田竹五郎・新永間建築事務所長とともに、初期計画に携わったドイツ人技師バルツァーも、貨物駅構想には疑問を呈しつつも、「この用地のもっと良い利用方法が将来きっと出てくるであろう。少なくとも他の利用目的に使えるこの土地を放出して、鉄道財政に多大な利益をもたらす」と述べていたという。「新永間」とは、新銭座（現・浜松町）と永楽町（現・大手町）間のことである。

バルツァーの言葉通り、この用地は東京中央停車場開業時には客車操車場として利用さ

有楽町駅付近で建設工事中の東海道新幹線。在来線の東海道本線を走るのは、153系下り急行「第1よど」（左）と、定刻より遅れていると思われる151系上り特急「第1こだま」。1963年7月21日

れ、戦後、外堀が焼け跡の残土処理のため埋め立てられたこともあり、八重洲駅ビル用地として、東海道・東北等各新幹線の東京駅ホームとしても使われ、八重洲口再開発の賑わいとなっている。

東京ターミナルが東京駅八重洲口に決まったことにより、東京〜品川間は、在来線の海側に沿った東海道線の線路増設用地を使用することとした。この用地は、国鉄の意向を受けて、東京都が都市計画上の配慮をしたものだった。東京都は、首都圏整備委員会の主張とは異なるものの、新幹線ターミナル駅は東京、との国鉄の意向を尊重して、有楽町や新橋の駅前広場について費用は負担すべきものは負担して造る、との条件で同意した。なお、この駅前広場造成に関わる協議が決着つかなかったことが、その後の東北新幹線東京駅乗り入れ協議に影響を及ぼすこととなる。

品川〜多摩川間では、貨物線であった品鶴《ひんかく》線の在来用地を活用することになった。従って東京〜多摩川間の新幹線の平面線形は在来線に張り付いたものとなる。その結果、新幹線の曲線半径は、在来線並みの最小半径400mを使用し、高速運転をしない線区として、曲線半径縮小の特例を適用した。これは、当時、他に直ちに着手可能なルートがなかったことから、東京都内という人口密度の高い市街地での用地買収・設計協議に関わる工期的不確実さを避けたものだった。

品鶴線全線を在来用地一杯に移設し、ほとんど増用地なしで新幹線路盤・高架を増設できた。しかし、大井町から馬込にかけての約2km区間では用地が生み出されず、品鶴線路の直上高架となった。

丹那トンネルがあったからできた新丹那トンネルの掘削

東海道新幹線建設が工期5年と決まり、まず、誰しも思ったのは、新丹那トンネル、大丈夫か、間に合うか、ということだった。それは、東海道本線丹那トンネルが、1918年（大正7年）3月に起工し、1934年（昭和9年）3月竣工まで、破砕帯と大量出水の中、殉職者67名を出し、当初の工期7年が16年となり、工事費も当初計画770万円から3倍の約2500万円になったことに拠る。東海道新幹線起工式が新丹那トンネル熱海坑口で行われた所以もここにある。

東海道本線丹那トンネル計画時、一番長いトンネルは、単線で4・8kmの中央線笹子トンネルだった。丹那トンネルの長さは、はるかに長い7kmである。ただ、その頃すでに、我が国初の複線トンネル、大阪電気軌道線の生駒山トンネル（3・5km）が完成していた。

当時、数多くの長大トンネルが工事中であった欧州の事例を調べてみると、複線区間のほとんどのトンネルが複線断面1本で施工されていることが判明した。かかる状況を踏まえた地形図上の判断から、丹那トンネルは複線断面で掘削することとなった。

池原英治熱海線建設事務所（第5代）所長が、「丹那の難工事たる所以は、一つの掘削方式で、全体を押すことができないことにある」と、後年、述べている。

「丹那トンネルの切り羽では、崩れやすく滞水性の火山荒砂、掘削後じわじわと膨張し圧力をかけてくる温泉余土、断層破砕帯に遭遇し、同時に大量の途切れない出水が続いた。これらは、ある区間毎に、形を変えて出現するだけに、それぞれの箇所毎に異なった対処工法をとらざるを得なかった。ある難所で成功した工法が、それが他の箇所で無条件に当てはまるわけでなく、それぞれの難所に対応して段取りを変えねばならなかった。ただ、水抜き坑だけは、各難所共通の効果的な対策だった。崩れやすい土砂でも水をなくせば掘り抜けられる。そこで、本トンネルとは離れ、基盤より低く小さな断面の仮トンネルを先掘りし、雨や滝のような湧水を絞り出そうとした。その延長は、熱海口で6600m、三島口で9300m、計1万5900mと、本トンネル延長7841mの2倍近くを掘ったことになる」

この水抜き坑を通すのに、熱海口で5年半、三島口で7年8カ月かかり、結局、水抜き坑に工期16年の半分を費やしていたことになる。一方、丹那盆地は豊富な水に恵まれ、渓間には泉が湧き、飲料、水田にと水車が回る土地であった。地域の雨水は、その地中の多孔性の集塊岩やその間に介在する亀裂の富んだ安山溶岩、それらの隙間に、長年にわたり溜まっていた。その下を、しゃにむに、トンネルを抜いた。その結果、地中の滞留水がすべて流れ出し、箱根芦ノ湖3杯分の水を干したとも言われる。そして、丹那盆地は渇水の地となってしまった。坑口から水は今でも流れ出ている。このような地元の犠牲のうえに今日の丹那トンネルがある。

また、丹那トンネルは工事中、2度の大地震にも遭遇している。１９２３年（大正12年）9月１日発生の関東大震災と１９３０年（昭和5年）11月26日発生の伊豆地震とである。関東大震災の時は、三島坑口から１６３０ｍの地点では、断層に遭遇し、同じ箇所を、掘っても掘っても、崩される状況での作業中だった。トンネル内ではゴーという山鳴りが聞こえたので、それ崩壊と逃げだしたが、地山には異常もなく、電線が揺れているだけのことだった。伊豆地震は、三島坑口から４０００ｍ地点で作業中、その場の断層にずれが生じ、5名が崩壊埋没した。

2人は救助されたものの3人は助からなかった。2度の激震を受けても、それまで出来ていたコンクリートの巻きたて部分に少々の亀裂が生じた程度で済み、トンネル構造は無事であった。

なお、開通後60年後の報道によれば、「現在、東海道本線丹那トンネルのトンネル本体の補修工事はほとんど行っていない、それは、あまりにも〝かくしゃく〟としており、(補修工事を行う)必要がない」とのことである。

弾丸鉄道計画では、新丹那トンネルは、東海道本線丹那トンネルに並行して、中心間隔50mの北側の位置に選定され、1942年(昭和17年)4月、三島口にて起工となった。鉄道省熱海工事事務所の直轄工事として施工されたが、翌年1月、資材難と労務者不足から中止となった。当時、東口導坑は650m、西口導坑は1400mの進行で、両坑口とも200mから300mのコンクリート覆工を完成していた。

東海道新幹線新丹那トンネルの掘削は、工事途中に断層からの大量出水により掘削中止となったが、水抜き坑で半年後に掘削再開となった。そして、工事再開から全工期4年4カ月で新丹那トンネルは完成した。これは、地質状況がよく分かっていたことと、東海道線丹那トンネルが水抜き坑の役割を果たしていたことによる。なお、工事での殉職者数は熱海口10名、三島口11名であったが、大きな崩壊事故は１件も発生しなかった。

関ヶ原ルート選定と岐阜羽島駅設置の真相

名古屋と京都・大阪を、地図の上を直線で結ぶと鈴鹿山脈を横切ることになる。まず、鈴鹿山脈を抜くルートの検討がなされた。地質調査並びに図上のルート選定の結果、延長12㎞の長大トンネルで地形上は片勾配となるため、所定工期５年内の完成は難しく、多くの断層に遭遇するうえに伏流水に富んだ石灰石の部分が多く、多量の湧水が予想された。一方、鈴鹿峠を迂回する関ヶ原ルートは、地質的には鈴鹿越えとは大差ないが、トンネルが比較的短くて済むことが分かった。

そこで、北陸線との接続が可能な関ヶ原ルートが最終案として本決まりとなった。彦根に駅を設ける案も検討されたが、北陸線乗り換え設備の移転が困難であるため、地質的にはやや不良であったが、東海道線米原駅に併設することに決まった。

名古屋を出て関ヶ原に向かうルートは、濃尾平野西の木曽・長良《ながら》・揖斐《いび》三川の低地を行く。現地調査並びに地質調査の進捗に従い、沖積層がより薄く、より締まった地質である木曽三川の上流部、すなわち北方へ、当初ルートをシフトせねばならないことが判明。岐阜県は新幹線ルートをなるべく北に寄せて「岐阜市に近いところに新幹線駅の設置」を求める運動を始めた。

一方、ルートを北に寄せた場合、新たに市街地が分断されることとなる愛知県西部の尾西市、一宮市などからは、「新幹線ルート、北へのシフト反対」の動きが出てきた。1960年（昭和35年）3月頃からは、両県下の大半の地域で、測量、協議などの現地作業が出来なくなった。尾西市では面会謝絶の看板が立っていた。国鉄は技術的検討を進め各種比較案を作るなど、愛知県・岐阜県と交渉を重ね、1960年（昭和35年）12月には両県知事に最終ルート案を提示した。だが、了承は得られなかった。国鉄としても、それ以上、ルートの確定を遅らせることは工期上不可能であった。国鉄は、翌1961年（昭和36年）1月、幅2㎞範囲のルート原案を公表した。

立ち入り可能な地域の調査や航空写真から最終路線決定の作業を進め、6月末から7月にかけ最終路線の内示を地元に行い、これが10月には運輸大臣の認可を受け正式ルートとなった。

反対の声のある中、お百度参りを重ねた結果、地元の了解を順次得るに至った。1961年（昭和36年）10月初めから岐阜県下では用地買収の話し合いに入り、反対の一番強かった愛知県尾西市でも１９６２年（昭和37年）２月より中心測量、設計協議が始まり、６月末には着工となった。開業予定の１９６４年（昭和39年）秋まで、あと2年半だった。

岐阜羽島駅前には、地元の政治家大野伴睦夫妻の銅像が立つ。岐阜羽島駅は名古屋～米原間66・２㎞の間、名古屋から25・１㎞、米原から41・１㎞の位置にある。東海道新幹線開業時の駅間の平均距離は約50㎞であり、豊橋～名古屋間67・８㎞、米原～京都間68・１㎞である。単に駅間距離の視点だけの判断なら、岐阜羽島駅は設けられなかったろう。だが、新幹線が岐阜県内を駅無しで長い距離を通過するだけなら、岐阜県から同意を得られるはずもない。

当時、この地域の東海道新幹線建設を担当したのは国鉄名古屋新幹線工事局であった。その工事誌には、当時の仁杉巖工事局長の「岐阜羽島駅は、大野先生による政治駅であるというふうに世間一般にとられているが、これは誤りである。大野先生は、岐阜県下に一駅造れ、という主張はあったが、ルートは国鉄側に任せるという態度をとっておられた」との記述（『幹線なごや』・第４号）がある。国鉄内部では、関ヶ原付近の冬季降雪時の列車の乱れを懸念していた。国鉄東海道新幹線支社発行の『東海道新幹線工事誌（土木編）』には、「岐阜羽島駅は、用地の関係で名古屋に着発線が４線しかとれず、列車扱いに不便なため、その補強の意味と垂井《たるい》～関ヶ原トンネルの急勾配における故障車の退避駅を兼ねて、名古屋～垂井間のほぼ中間の現在位置に設置することにした」と記載されている。

私鉄に道を譲ってもらって実現した京都～新大阪間の建設

東海道新幹線の京都駅には、南案、併設案、北案の3案があった。南案は、東山トンネルを経て京都市伏見に出て東海道本線の南方2㎞の付近を、市街地を避けて通る案である。併設案は東山トンネルの出口を東海道線の南側とし、鴨川を渡って現京都駅の南側に取り付ける案である。北案は東山トンネルの出口を東山五条付近とし、五条通の地下を西方に進む案である。

検討結果は、南案が工費一番安く（137億円）、一般支障物件数一番少なく（150件）、線路延長一番短く、次に併設案（163億円、460件、＋1678m）、北側案（201億円、300件、＋3780m）の順だった。そこで、大阪への最短ルートを優先させ、地価の高い京都中心部を避け、あえて京都駅を経由しない南案が有力となった。南案となれば、超特急は京都通過の恐れがあった。

この流れに対し、当時の京都市などの地元自治体や財界、市民などが、都心部への利便性の悪化や京都の街の地盤低下を懸念し、在来京都駅への新幹線駅併設と超特急全列車停車を強く国鉄に求めて立ち上がった。日が増すにつれ地元の要請は強まり、工期が迫る中、地元自治体や沿線住民からの工事に対する全面的な理解と協力を前提に、国鉄は譲歩し、在来京都駅南側へ新幹線駅を併設し、全超特急が京都駅に停車することとなった。

天王山と淀川とに挟まれた大山崎付近は交通の要所で、幅約３００ｍの平地にはすでに東海道本線、京阪神急行電鉄線、西国街道、産業道路が入りこんでいて、さらに新幹線が割り込もうというわけで、民家も密集しておりルート選定作業は難航した。淀川の中を橋梁で通す案、産業道路を川の中に付け替え、その跡に通す案が検討されたが、いずれも建設省と協議が成り立たなかった。最後に京阪神急行電鉄線と産業道路との間を通すしか方法はなくなった。種々検討の結果、阪急電鉄線を北側に付け替えてもらい、その移設された跡に新幹線を通すこととなった。

大阪ターミナルは、東海道新幹線から山陽新幹線への延伸を視野に入れ、淀川を渡らずに行けるルート上で東海道本線と交差する東淀川駅付近に設けることで検討が始まった。

一方、東京ターミナル同様、交通アクセスの良い在来大阪駅に併設すべきとの声もあった。だが、調べてみると、東京駅の場合と異なり、大阪駅が北は梅田貨物駅、南は狭い駅

京阪神急行電鉄（現・阪急電鉄）京都本線は、移設工事に伴って開業前の新幹線軌道を一時的に使用した。1963年10月1日

急ピッチで工事が進む新大阪駅。1964年1月23日

前広場にはさまれ駅構内に用地がないこと、また、大阪駅前後は建物密集地の中のルートとなり用地確保に問題があることなどから、開業までの工期5年での完成は困難であった。

そこで、東淀川駅周辺より大阪駅との交通アクセスが少しでも良いところをと探した。その結果、東海道本線、北方貨物線、宮原操車場東回送線に囲まれた、現在の新大阪駅の位置に決まった。当該地は、東淀川駅より大阪駅に近く、高速道路、地下鉄などとの連絡もよく、また、新幹線・東海道線の駅設備・連絡設備などの用地は、道路、下水道などの都市計画事業と一体として行うことで確保可能となった。「新大阪駅」は、大阪府、大阪市、地元の多くから賛同を得るに至り、東海道新幹線開業に合わせ、１９６４年（昭和39年）９月には、新大阪駅から梅田・なんばを経て天王寺を結ぶ大阪市営地下鉄御堂筋線も延伸開業となった。

総工事費の倍増、十河信二国鉄総裁の思いと辞任

１９５７年（昭和32年）７月、運輸省幹線調査会は、東海道広軌別線の総工事費として１７２５億円を要すると答申した。東海道新幹線は、答申工事費に債務取扱諸費２４７億円を加えた１９７２億円を総事業費として、１９５９年（昭和34年）４月着工した。

しかし、建設基準が固まり、ルート選定も進み、長大トンネルが着工して行くとともに、年末には工事費の不足が明瞭となってきた。1961年（昭和36年）12月には、予算総額が抑えられていることから1218億円の資金不足となり、特に用地費は決算額が予算額を上回り、早急な総工事費の増額改定が必要となり、8000万ドルの借款を受けている世界銀行（国際復興開発銀行）にも説明したうえで、1962年（昭和37年）5月には新総事業費2926億円が承認された。だが、それでも工事費は足らず、完成が危ぶまれた。

そのさなか、1962年（昭和37年）5月3日、死者160人・重軽傷者315人の三河島事故が起きた。国鉄にたいする批判の厳しい中、国鉄としては、新幹線建設費のさらなる大幅増額は言い出せず、予算要求としては、予算総額2926億円ベースで出さざるを得なかった。

しかし、1963年（昭和38年）4月、新幹線として開業には、なお874億円の不足が確認されるにおよび、総事業費は3700億円と、当初総工事費の2倍に達することとなった。

1962年（昭和37年）度国鉄監査委員会報告書は、「工事費不足の原因として、新幹線の当初計画が過小であったため、途中で増額するにしてもその限度が考えられたこと、工事費の分析・精査を行わず過小な計画で押し通し得ると考えたこと、新幹線の業務運営について独断専行があり、意思決定機関である理事会の全社的、総合的判断を得なかったこと等である」としている。

それにしても、なぜ2倍近い増額となったのか。巷間、「当初から、国鉄部内の幹線調査室の試算では、３０００億円余りかかるとしていた」と言われている。真偽のほどは分からない。だが、そのような噂が出る背景は十分に窺われる。それは、広軌鉄道実現に向けての、一つは狭軌別線論の排除、もう一つは競合する高速道路計画との対比であった。１９５７年（昭和32年）６月、国鉄部内の東海道線増強調査会の結論として、所要工事費は、狭軌別線ならば１５３１億円、広軌別線ならば１７８３億円としている。広軌別線である東海道新幹線が３０００億円余りと提示すれば、「そんなにかかるなら狭軌別線にしろ」となりかねない。

一方、ちょうどその頃、我が国は、高速道路の曙を迎えるところであった。１９５４年（昭和29年）５月に、東京～神戸間高速有料道路設計計画書が作成された。計画は、現地踏査、比較線調査を行い、路線を選定し、実地測量を実施し、成果は２５００分の１の設計図となり、区間ごとに建設費の概算積算が行われた。それによると、東京～神戸間５２７㎞、

1480億円というものだった。

アメリカからワトキンス道路調査団が来たのが1956年（昭和31年）、翌1957年（昭和32年）4月、国土開発縦貫自動車道建設法が公布され、同年10月には、名神高速道路（小牧〜神戸間190km）の施工命令が、総事業費793億円という全体計画で、建設大臣より道路公団総裁に発せられた。我が国初の高速道路の建設開始であった。さらに、名神高速道路と小牧でつながる東京〜小牧間高速道路の着工を目指し、国土の普遍的開発を図る中央高速自動車道か、旅客流動・物流などの改善を図る東名高速道路か、と競い合っていた。

かかる状況下で、鉄道は斜陽との世論、そして限られた国家予算の中で、東京〜大阪間に東海道新幹線を割り込ませるには、あまりに高額な建設費では、との危惧はあったと思う。まず、政府や議会に認めさせ、着工することが先、との思いではなかったか。

結局、東海道新幹線建設は3800億円かかることとなり、その責任をとり、十河信二国鉄総裁は、吾孫子豊副総裁、島秀雄技師長、大石重成新幹線総局長とともに、1963年（昭和38年）5月、開業を目前にして職を辞し去った。

ちょうどその頃、1963年（昭和38年）7月15日、我が国初の高速道路（名神高速道路栗東《りっとう》～尼崎間71㎞）が開通している。その時点での総事業費は１１９４億円、着工時の７９３億円から大幅に増額されていた。この名神の実績値を踏まえた東名高速道路３４７㎞の総事業費は、１９６３年（昭和38年）10月着工時、３４２５億円であった。

出来上がりの時期は異なるものの、結局は、東京～神戸間の高速道路建設総事業費は、東京～小牧間（東名高速道路）３４２５億円と小牧～神戸間（名神高速道路）１１４８億円と合わせ、４５７３億円となっていた。この値は、１９５４年（昭和29年）試算の東京～神戸間高速道の概算工事費１４８０億円のほぼ３倍であった。

この東京～神戸間高速道路の建設費の増額は、十河が国鉄総裁を辞めた１９６３年（昭和38年）当時、すでに明らかになっていた。だが、十河も島も、そして、大石も、東海道新幹線東京駅ホームでの開業式に招かれることはなかった。

開業前には想定外だった関ヶ原付近の雪害対策

東海道新幹線の雪害対策は、除雪車の配置と分岐器への電気融雪機の敷設から始まった。営業運転に入り、降雪時に列車風により舞い上がった雪が車両の床下機器に付着固結し、これが走行中に雪塊となって軌道上に落下し、線路道床のバラストを跳ね上げ、車両床下機器、窓ガラスを損傷し、線路外に飛散するなどの現象が起きた。開業前には想定外のことであった。

２００km／ｈで走る場合の高速による雪の飛散は、雪煙りに囲まれた列車走行の姿となり、車体への雪の付着は雪ダルマ式となった。従って、関ヶ原の雪害対策は、車両に雪が付着しないようにすることが第一であった。

着雪を少なくするには、雪が舞い上がらない程度に列車速度を低下させることであり、降雪・積雪状況に応じて、速度規制（時速70km・１１０km・１６０km）を実施した。

次に、バラスト飛散防止策として、降雪時に散水ノズルで、時間雨量５mm程度を散布し雪を湿らせ、雪を比重の大きいザラメ状にして舞い上がり防止を図った。ただ、この場合は、散水強度を上げれば効果が見込まれるが、線路を支える盛土崩壊の懸念がある。そこでバラスト上面に網を被せるなどの対策も行っている。

車両に付着した雪を落とす作業は、下り列車は新大阪駅で、上り列車は、岐阜羽島駅（停車列車）・名古屋駅で行っている。雪落とし作業は、当初は駅のホーム下に作業員が入り、オール状の棒で雪を突いて落としていた。その後、高温高圧洗浄機で、高温高圧の水を車両に吹き付けて、短時間のうちに落雪させるようになった。

これらの雪害対策でも、東海道新幹線の降雪時の列車の遅れは30〜60分となり、全線にわたる大雪の場合には１〜２時間にも達し、新幹線の雪害対策の必要性を強く浮かび上がらせた。

保守間合い確保で立ち消えとなった新幹線貨物輸送計画

弾丸鉄道構想での貨物輸送計画同様、東海道新幹線においても貨物輸送が計画された。

「開業当初は貨物列車の運転は行わない。コンテナ輸送を貨物専用電車で行う。30両編成（編成ユニット４Ｍ６Ｔ×３）で、東京〜大阪間の所要時間は５時間30分とし、最高速度は１５０㎞／ｈとする。貨物列車はすべて夜間運転、東京・大阪の両駅を22時以降に発車し、翌朝５時までに到着させる。保守作業間合い確保のため週１回運休する。貨物駅は、東京・静岡・名古屋・大阪とする」

当時、在来線の東海道本線では、コンテナ輸送を１９５９年（昭和34年）から汐留〜梅田間で行っており、新幹線貨物輸送として、コンテナ輸送のほかトラックをそのまま載せるピギーバック方式も考えられていた。しかし、旅客電車開業後の輸送実態から、夜間の十分な保守間合い確保が必須となり、新幹線貨物輸送計画は、実施されることなく、立ち消えとなった。弾丸鉄道計画の時から貨物駅用地として確保されていた、静岡駅東京方2km の柚木地区は東海道本線東静岡貨物駅として、名古屋駅大阪方1・4km の日比津地区17万㎡は新幹線電車電留線として、大阪鳥飼地区は在来線大阪貨物ターミナルとして、それぞれ利用されている。

ＪＲ貨物は、2004年(平成16年)3月から、東海道本線で、特急コンテナ電車列車「スーパーレールカーゴ」の運転を開始した。速達輸送を第一とする宅配貨物のため、東京〜大阪間を6時間で結ぶことを目標に開発したM250系高速コンテナ電車は、世界で初めてのコンテナ電車となった。M250系コンテナ電車は、軸重を機関車の16・8トンから12・5トンに軽減して、最高運転速度と曲線通過速度の向上を可能にし、貨物列車で初めて120〜130km/h運転を実施した。最高速度は大船〜小田原間・豊橋〜米原間で120km/h、米原〜茨木間で130km/hで、曲線通過速度は「基本速度+20km/h」で運転している。東京貨物ターミナル23時14分発〜静岡貨物〜稲沢〜安治川口5時26分着の第9057列車は、東京〜大阪間を6時間12分で結んだ。これは、弾丸鉄道計画や東海道新幹線貨物計画における、貨物電車による東京〜大阪間到達目標時間、5時間30〜40分にせまるものとなっている。

山陽新幹線岡山～博多間開業の出発式。1975年3月10日。博多駅

第2章　山陽新幹線

六甲山系を貫いた2つの長大トンネルと新神戸駅

山陽新幹線新大阪〜岡山間の建設は、東海道新幹線建設の場合の手続きと同様に、「山陽本線大阪・岡山間線路増設」として、1965年（昭和40年）9月運輸大臣認可を受け着手した。

営業最高運転速度は250km／h、ただ、その運転のためには線路、電気等の設備、車両構造など検討を要する問題があり、当面は200km／h運転で計画を進め、土木構造物については250km／hの高速化の可能性を阻害しないものとした。したがって、最小曲線半径は東海道新幹線の2500mから4000mとし、勾配については10km間の平均勾配を1000分の12以下とし、最急勾配を1000分の15とした。レールは50T（53・3kg）レールから60kgレールへと、それぞれを変更した。

六甲山系を東西に抜く案は神戸駅設置が不可能であり、海岸平地部を通る案は都市地域や港湾地域の連続する中を、非常に高い高架橋で通過することから実現困難であった。六甲山系の北方を通過し姫路に抜ける案は、神戸市内の駅としては福知山線道場駅付近以外に適当なところが無く、しかも神戸都心とは六甲山により隔絶されており、この案ではネットワーク機能が発揮し難い、となった。

結局は、新大阪駅から大阪市内及び尼崎・伊丹・西宮の阪神３市内を高架橋で抜け、六甲山東部上ケ原台地に取り付き、地質と工事施工の困難があっても六甲山南斜面下をトンネルで抜け、神戸市内の適宜な場所に駅を設け、再び六甲山系の神戸トンネルに入り明石市北部へとつながる案の採用となった。

六甲トンネル入口は、西宮市内の文教地区や高級住宅群を配慮しながら地質、施工の両面からより良い場所とし、また出口の位置は、トンネル地質と長大トンネルの工期内完成とを勘案し布引とした。布引付近の線路線形は、新神戸駅設置上の条件から各種の案が検討された。山麓の諏訪山断層、市街地の密集などから制約があり、通過待避線を割愛することとし、六甲・神戸両トンネル坑口間４８０ｍの明かり区間に新神戸駅を設けることとなった。この駅構内には断層が横断していることから、特段の耐震設計を行った。阪神・淡路大震災の折には、大きな被害は無かった。

阪神３市（尼崎・伊丹・西宮）の高架橋側道の設置

１９６６年（昭和41年）５月、新大阪～六甲トンネル間の２㎞幅の高架橋ルート案が発表されると、新幹線通過地とされた尼崎・伊丹・西宮の阪神３市では、市議会の特別委員会、地元地区住民の反対期成同盟などが次々に結成され反対運動が始まった。3市の意見は、ルート変更、市域内通過反対、全線地下化などであった。兵庫県知事の阪神間全線地下方式の公表を受け、3市議会連絡協議会が結成された。

これらの反対運動に対し、国鉄は、地下ルートの場合には伏流水を直角に横切り遮断することなどの問題点をあげ、高架橋ルート採用がやむを得ざることを説明し続けた。その結果、次第に反対運動は条件闘争へと移行し、高架橋ルートの両側に騒音振動対策として緩衝地帯(側道)を設けるなどの公害対策の明示を要求する声が高まった。

国鉄は、具体的な側道計画を種々検討し、兵庫県及び建設省と数次にわたる協議を続けた。その結果、国・県の都市計画・道路計画の担当部局が阪神地域の事情を分析し、自動車交通量の増加に対し都市計画上の諸施策が立ち遅れているとし、当面必要な対策を新幹線側道に被せることによって対処することとなった。

行政措置は各地域平等であること、国鉄は工事用側道両側幅4mしか負担できないことの制約があった。1年に余る協議を経て、1968年(昭和43年)10月、側道問題に関する建設省・兵庫県・国鉄の三者による最終結論が得られ、同年12月、兵庫県知事は、その結論を正式に知事斡旋案として3市に提示した。「側道は、全幅原則として両側各々9m

新大阪駅の西方にある宮原操車場付近に立ち並びはじめた山陽新幹線の橋脚。1969年12月

建設工事中の新神戸駅。1971年11月

（青空10ｍ）の認定道路とし、国鉄は両側各々４ｍ分を負担、資金事情により国鉄が立替買収する」との内容であった。

これを受け、西宮市は１９６９年（昭和44年）５月、伊丹市、尼崎市は６月から、ようやく測量調査が出来るようになった。高架橋ルート案の公表以来３年余り経っていた。

側道の法的措置として、尼崎市・西宮市は１９７０年（昭和45年）９月、伊丹市は同年12月、それぞれ市議会の議決を経て市道認定を行った。阪神３市と取り交わされた覚書に記載の新幹線高架橋区間側道への対処方は、その後の新幹線工事における基本的指針となり、広島駅前後の高架橋ルートである府中町内・大野町内、及び、博多駅を出ての竹下地区高架橋にも適用された。

新大阪～岡山間で初めて導入されたスラブ軌道

新幹線の軌道保守限度値は在来線より極めて厳しい。レールを枕木と砕石で支持するバラスト軌道では次第に砕石が崩れ、レールにゆがみが生じやすくなる。従来の砕石より強固な軌道構造が要求された。また、保線作業員確保の将来展望から軌道保守のメンテナンスフリー化も強く要望されていた。そこで考案されたのが「スラブ軌道」であった。

開業前の山陽新幹線スラブ軌道区間を走る0系電車の試運転列車。1975年2月17日。小倉～博多間

スラブ軌道は、レール下に鉄筋コンクリートの軌道スラブを敷いて、路盤と軌道スラブの間にセメントアスファルトを填充する構造となっている。軌道スラブは、工場で作られるプレキャスト製品で、形状は長さ4・90m、幅2・20m、厚さ19㎝で、レールは8カ所のレール締結装置で固定される。軌道スラブを直接支持する填充層は、厚さ50㎜程度のもので、セメント、砂、アスファルト乳剤の混合物であるCAモルタルが用いられる。

新幹線新大阪～岡山間で、当初設計の砕石軌道区間の一部を変更し、初めて、スラブ軌道の大量試験区間として、トンネル区間10㎞、高架橋区間6㎞を選定し、スラブ軌道16㎞を敷設した。

この結果を踏まえ、岡山～博多間400㎞のうち、軌道構造を支える路盤が沈下の恐れのない約300㎞をスラブ軌道化した。具体的には、地盤が不良で延長の長い盛土区間、駅構内、構造物の変位が長時間にわたって継続すると思われる区間、高築堤盛土区間などを除いたすべての区間であった。今や、このスラブ軌道、新幹線のみならず大都市交通線にも多く使われ、さらなる技術革新により、盛土や切取などの土構造上にも使われるようになっている。

全国新幹線鉄道整備法の発端となった岡山〜博多間の工事の認可

国鉄は、１９６９年（昭和44年）６月に、山陽新幹線を岡山から博多へと延伸するため、新大阪〜岡山間同様、運輸大臣に「山陽本線岡山〜門司間・鹿児島本線門司〜博多間（山陽新幹線）線路増設」の認可申請を行った。だが、ここで議論が起きた。

これまで、東海道新幹線建設、山陽新幹線新大阪〜岡山間建設ともに、国鉄の輸送力増強の一環として改良工事（線路増設）の形で進めてきた。これに対し、「新幹線は明らかに新線建設であり、鉄道敷設法に基づき鉄道建設審議会の議を経て決定されるべきである」との意見が出された。その背景には、鉄道建設審議会で決定した新線建設費を新幹線建設に流用されては、ただでさえ乏しい建設費が減額され、地方開発線がますます取り残されるとの思いがあった。

この鉄道建設審議会は、日本国有鉄道の新線に関する重要事項を調査審議することを目的に、鉄道敷設法第３条に基づき運輸省内に設けられた機関であった。その構成は、関係省の次官、学識経験者のほか、衆議院議員及び参議院議員の中から指名された者が委員になっている点に特色があった。しかも、衆・参の議員のうちから任命される委員は、与党、野党の幹事長、総務会長、書記長等の幹部が任命されるのが例であった。

当時は、与党自民党から、会長として鈴木善幸総務会長、委員として田中角栄幹事長、財政通の水田三喜男政務調査会長が就いており、鉄道審議会の権威及び影響力は極めて大きかった。

そこで、国鉄からの認可申請を受けた運輸大臣は、これを第48回鉄道建設審議会に諮問し、1969年（昭和44年）6月25日、答申として次のような決議を得た。一つは、「山陽新幹線の博多までの延伸は全国的新幹線網の一環をなすものである。しかしながら、山陽本線及び鹿児島本線（門司～博多間）の輸送の現状から勘案して、本線を日本国有鉄道が線路増設工事として早期に建設することは妥当と認める」ということであり、もう一つは、「山陽新幹線以外の新幹線網の整備は、国土の均衡ある発展と利用のための交通体系の整備という観点から判断すべきであり、次期通常国会に提出することを目途に、このための法案を検討するものとする」ということであった。

この決議が、全国新幹線鉄道整備法制定の発端となった。岡山～博多間400㎞の建設は、「山陽新幹線岡山・博多間の設置駅・線路経過地及び工事計画について」の認可を1969年（昭和44年）12月に得て、「ひかりは西へ」のキャッチフレーズで着工した。

市長の奔走によって逆転で設置が決まった三原駅

岡山～博多間の駅は、大都市であり連絡交通路線が集中している、広島・小倉・博多各駅は、在来線の駅に併設することを基本とし、その他中間駅の採択及び位置は、沿線の条件を調査のうえ決定した。

福山～広島間は約88㎞である。その中間に、尾道、三原という当時の都市人口がともに約９万人の２つの地区があった。いずれか１つの地区に新幹線駅を設置する予定であった。尾道地区は、福山駅と約18㎞と短く、地形的に山陽本線尾道駅に併設できない。しかし、当時尾道駅の北２・５㎞の地点にバイパス道路が計画されており、用地買収の容易さ、広い駅前広場の確保も出来、本四架橋尾道・今治ルートの分岐点でもあった、さらに、一部では、同時に山陽本線をルート変更して在来線倉敷駅を新幹線駅と併設させようとの議論も上がっていた。一方、三原地区は、線形的には山陽本線三原駅に併設可能ではあるが、駅周辺は２００軒以上の商店街が近接しており、東側には「酔心」の酒造工場があり、用地買収の困難さが予想された。

かかる状況から、当初、尾道地区が断然有利であった。だが、ここで、１９６７年（昭和42年）11月の三原市長選で現職を破って当選した当時の長尾正三・三原市長が、新幹線三原駅実現に向けて巻き返しにかかった。まず、地元三原地区の意思統一を図り、そして、関係箇所への連日連夜の朝駆け夜討ちの説明・陳情がなされた。そこまではどこでも見られる光景であったが、長尾市長は、短時日のうちに三原駅周辺及び前後の沿線住民のほとんどから、三原新幹線駅誘致への同意を取り付けた。1969年（昭和44年）1月、長尾市長が国鉄本社に持参した署名簿には、新幹線ルートとなる用地の地権者や列車の騒音・振動の及びそうな地区の住民3828人の署名があった。筆跡は個々に違い、「酔心」の酒造工場の大部分の方々の署名も入っていた。

用地買収に問題がないとなると、判断はがらりと変わる。在来線駅に新幹線駅が併設されることは鉄道ネットワークとして望むところである。山陽本線三原駅は呉線と接続しており、福山～広島間の中間により近くともなる。形勢逆転であった。その後、三原市は新幹線工事に対応して開発部を設け協力体制を築き、国鉄と地元住民との仲介役を果たした。1975年（昭和50年）3月15日、山陽新幹線岡山～博多間開業の日、新幹線三原駅が開業した。

なお、現在の山陽新幹線新尾道駅は、岡山～博多間開業から13年後の1988年（昭和63年）3月に、工事費62億円全額を地元が負担して開業した地元請願駅である。

山岳工法によって掘削された関門海峡トンネル

関門海峡は、日本海側大瀬戸から瀬戸内海側早鞆《はやとも》の間はＳ字に屈曲した水路になっていて、幅は狭いところで６００ｍほどである。山陽新幹線新関門トンネルは、海峡西部の大瀬戸の海底直下を抜いた１９４２年（昭和17年）７月開通の山陽本線関門トンネル、海峡東部の早鞆瀬戸を抜いて１９５８年（昭和33年）３月開通した関門国道トンネルに次いで３本目の海底トンネルだ。

山陽新幹線新関門トンネルのルートは、２つの海底トンネルの施工実績、地質調査の結果などから、大瀬戸ルートは、海峡部地質不良区間の延長、水深、トンネルの土被り、勾配、曲線半径、更に密集市街地の通過など、不利な条件が多く、海峡横断箇所は早鞆瀬戸となった。海峡ルートが早鞆ルートとなると、新幹線下関駅の候補としては、現下関駅案は外され、長府駅案、北幡生《きたはたぶ》案、長門一ノ宮駅案の３案となる。長府駅案は下関市の東方に片寄り過ぎ、北幡生案はすでに施工中の宅地造成地があり、駅・保守基地の用地確保が困難であった。一方、長門一ノ宮案は、現駅の北側が広大な田畑で用地取得が比較的容易であり、山陽本線沿いに保守基地、電留線等の用地確保ができ、関門国道トンネル、中国縦貫道路との連絡も便利であった。

そこで、山陽本線長門一ノ宮駅に直交して、山陽新幹線新下関駅を設けることとなった。その結果、山陽新幹線は、新下関駅での山陽本線との立体交差と、海底区間でのトンネル掘削施工の安全上、必要な最小土被り約20mを確保するために、トンネル入口の線路勾配は建設基準を上まわり、運輸大臣特別認可の1000分の18とした。なお、在来線の山陽本線関門トンネルの海底部の最小土被り厚さは7m、関門国道トンネルでは12mであった。海底部の延長は880mで、全長の5％弱に過ぎないが、海底までの最小土被りが24m、本州方の海底部には、関門海峡の形成とも関係あるとされる幅30mに及ぶ大断層と、これに伴う約250mの小断層を含む破砕帯があり、この突破が新関門トンネル完成の鍵であった。約7㎏／㎠の水圧があること、破砕帯と岩盤の層が併存していること、船舶の往来が頻繁（1200隻／日）で潮流も速く（12ノット）、海上作業が困難なこと、氷点が低いことなどを勘案し、セメント・水ガラス系等の薬液注入工法により地山の止水、強化を行い、山岳工法により掘進することとなった。

1970年（昭和45年）9月に、本州方海岸線近く、火の山作業用斜坑の工事からはじまり、1973年（昭和48年）5月に九州方海岸線の和布刈《めかり》斜坑底に到達し、海峡部の貫通をみた。そして、山陽新幹線開業9カ月前の1974年（昭和49年）6月末には、新関門トンネルの主体工事は、ほぼ完了した。

異常出水と大規模な渇水被害が発生した福岡トンネル工事

福岡トンネルは、博多駅の手前、福岡県若宮町から犬鳴山《いぬなきやま》を抜いて久山町に抜ける延長８４８８ｍの長大トンネルである。トンネル工事は、１９７０年（昭和45年）11月より、小倉方からの東工区（約４㎞）と、博多方からの西工区（約４・５㎞）とに二分し、両坑口から、ともに導坑先進上部半断面掘削工法で掘り進んだ。

１９７２年（昭和47年）３月28日、東工区の坑口より９６０ｍ地点での断層の切羽で、湧水の激しさが増し、山鳴りが聞こえるようになり、作業員全員退避となった。退避１時間後、一大音響とともに大量の土砂、水が流出した。この時の瞬間湧水量は、毎分20㎥と想定され、約４時間後には毎分５㎥に落ちついたものの、流出土砂は約６００㎥で、９基の支保工が倒壊し、ロッカーショベル、トレインローダーが埋没した。強行突破は危険だった。水平ボーリングとともに、断面の小さい（９㎡）迂回坑を掘り、水抜きを図った。この間の総湧水量は１００万㎥、水抜きボーリング延長４９６ｍで、この断層破砕帯突破に約４カ月を費やした。

その後、坑内湧水が急激に増加し、同年6月頃から周辺の谷川が枯渇しはじめ、湧水量の増加とともに、渇水範囲が順次拡大し、線路中心から1㎞にも及んだ。さらに、トンネルと直交する犬鳴川の流量が、翌年1973年（昭和48年）4月頃から減りはじめ、10月には上流側約300m間がほとんど枯渇した。

東坑口から2740m地点の犬鳴地区は、トンネル方向約100mにわたり、当時福岡県で計画中の多目的ダムの堪水区域に入っていた。当初は約100mの土被りがあったので、トンネル掘削の影響はないものと考えていた。だが、トンネルと直交して発達した亀裂が地表から地下深く入り、河川流量の減少をきたした事実から、ダムの貯水機能に影響があると判断された。

1974年（昭和49年）11月から、開業後の1975年（昭和50年）10月までの間に、600mにわたりトンネル断面の周りに止水剤の注入を迂回坑から行った。犬鳴川の枯渇に伴い、谷川のせせらぎがなくなり、ホタル、カジカがいなくなり、観光資源の破壊をともなった。トンネル内からの注入と併行して、用水の最小限の確保を図るべく、河床にも注入を行った。

4回に及んだ岡山〜博多間の総工事費の増額

山陽新幹線岡山〜博多間（４００㎞）建設の総工事費は、１９６９年（昭和44年）12月時点の当初予算では４８００億円だった。だが、その後、4回にわたって増額改訂され、最終的には、７１８２億円と、２３８２億円の増額となった。

この時期、田中内閣発足に伴う日本列島改造ブームで１９７３年（昭和48年）春頃から地価は高騰し、さらに、同年10月の第４次中東戦争を契機とした第一次オイルショックにより物価が高騰し、消費者物価指数は23％上昇となった。工事単価も上昇し、既契約工事にインフレ条項を適用して工事単価のスライドを行う事態となっていた。

特に、国鉄下関工事局が担当した山口・福岡県内各地では、新幹線通過反対運動が盛り上がり、用地の立ち入り許可や設計協議が難航し、開業予定に間に合わせるべく、それぞれにいろいろな個別対策が必要ともなっていた。さすがに4回目の総工事増額審議の国鉄常務会の折、時の藤井総裁は、（こんなに何度も増額とは）「余程の馬鹿ではないか！」と言われた。だが、現場はただ開業を目指して頑張っていた。

山口県内では、徳山駅南側に併設した新幹線駅前後の通過ルートとなった徳山市久米地区では新興住宅地の環境破壊、徳山市西松原地区では区画整理事業直後の縦断と、新幹線通過絶対反対の声が響いていた。

福岡県内でも、北九州市小倉北区日明《ひあがり》地区では日明市場の中への新幹線ルート設定で一切の立ち入り拒否が続き、北九州市八幡西区楠橋《くすばし》東地区では線路両側に幅100mの緩衝帯設置を求められ、遠賀川《おんがかわ》を渡った直方《のおがた》市植木地区では対岸の八幡西区との用地買収の価格差で紛糾、博多駅から鹿児島本線に1300m並行する福岡市竹下地区では住居環境の維持を強く主張された。

山陽新幹線ルートの終端に設けた春日市・那珂川町にまたがる44万㎡の博多車両基地設置予定地では、大規模な用地取得に対し、地域そのものが破壊されることを危惧し、「基地反対」の看板を立てて反対同盟が結成された。福岡市に接する春日市は、農地から宅地化を図る転換途上にあり、超大型基地の進出に伴い、学校・上下水道など公共施設の計画変更は困難であると同時に多大な負担を懸念した。車両基地用地のほぼ3分の2を占める那珂川町は、農用地64万㎡のうち22万㎡が潰地となり、ほとんどが専業農家であるこの地区の農業経営に重大な支障を及ぼすものであった。折から、国の農業政策に従い米の生産調整から果樹園への転換を果たしたばかりであり、再度生活権が奪われると反対を強め、とても立ち入り調査の出来る状態ではなかった。

一方、個々の法人・個人との買収・補償でも、山口県下の養鶏場、ゴルフ場、砕石工場、福岡県内では小倉駅前後の建物など、交渉が難航していた。だが、それらすべてに、工事局担当者が日々出向きお願いを重ねることにより、１年目には水をかけられても、２年目には玄関の扉が開き、３年目にしてお茶が出る、というように、薄紙を剥ぐように、案件は一つ一つ解決して行った。

しかし、すべてが話し合いで解決したわけではない。最後の手段として、土地収用法に基づく採決申請を経て解決した件数は、山口・福岡県内で27件、岡山～博多間全体で42件であった。この件数は、東海道新幹線６件、山陽新幹線新大阪～岡山間７件に比し、大幅に増加している。岡山～博多間で収用裁決が出された後も、土地の引き渡し、物件の移転が行われず、強制代執行の請求を行ったものは、山口県１件、福岡県２件であったが、実際に代執行が行われたのは、福岡県北九州市内の２件であった。

代執行が行われた小倉駅新幹線高架橋の当初の高架橋形式は、６線５柱式３径間の３層鉄筋コンクリートラーメン橋であった。その構造・施工手順では工期の確保が難しいと判断し、コンクリート打設前に鉄骨柱だけで直接軌道を支えられる鉄骨鉄筋コンクリート（ＳＲＣ）構造に変更した。代執行直後の２月に鉄骨製作を発注し、軌道敷設の工程に間に合わせ、6月末までの6カ月で鉄骨を組み立て軌道階の鉄筋コンクリートを打設完了するという突貫工事を行い、小倉駅東部高架橋のすべてのコンクリート打設が終わったのは、列車入線試験後の10月末だった。

1975年（昭和50年）3月10日、東京発の「ひかり号」が博多駅に到着し、山陽新幹線建設のキャッチフレーズ「ひかりは西へ」が達成された。同じ日の早朝、博多駅から東京へ向かう一番電車の運転士に、東北新幹線の建設現場へと、次は、「ひかりを北へ」の思いを込め、早咲きの九州の桜の一枝が託された。

東北新幹線大宮～盛岡間開業の出発式。1982年6月23日。大宮駅

第3章 東北新幹線

〔東京〜大宮間〕

議員立法で制定された全国新幹線鉄道整備法

1969年（昭和44年）6月開催の第48回鉄道建設審議会は、全国新幹線鉄道整備法の制定を建議した。与党自由民主党は、法律案を議員立法とすることとし、政務調査会及び総務会の議に付した。だが、大方の賛成の中、時の佐藤栄作首相・自民党総裁が反対の意見を表明した。反対の根拠は「路線の法定」にあった。

これは、鉄道敷設法が、その第1条に「建設予定路線は法の別表に定める」とし、いわゆる我田引鉄といわれた弊害を生じたことから、鉄道監督局長の職を経験した佐藤首相としての判断であった。結局、法案から路線の法定の項は消え、路線を予め特定するのではなく、社会経済状況の変化に対応して路線決定が柔軟に行い得るよう抽象的な表現へと変更了承され、全国新幹線鉄道整備法は、1970年（昭和45年）5月施行となった。当時、運輸省で法案作成に関与した山口真弘（元運輸省国有鉄道監督局長）が、法制定の裏話として、後年、『交通新聞』紙上で、次のように述べている。

「新幹線鉄道の整備にあたって、鉄道敷設法の改正によらず、特別の法律を制定した理由は、新幹線鉄道の整備を推進する国の意思を特別の法律で明確に打ち出すことを適当との判断があったからである。ただ、特別の法律を作り、新幹線について特別の取り扱いをする以上、在来線の鉄道との区別を明確にしておく必要がある。そこで、この法律の第２条で、新幹線鉄道とは、その主たる区間を列車が時速２００㎞以上の高速度で走行できる幹線鉄道をいう、と定義した。時速２００㎞と幹線鉄道であることを要件とした。新幹線鉄道を他の鉄道と区別する技術的基準としては、軌間、動力方式、制御方式、運転保安方式などが考えられるが、これを法定することは、将来の技術の進歩に対応した鉄道の建設に支障を生ずる恐れもあり、適当ではないとされた。法案作成当時、東海道新幹線が運行していた時速２００㎞以上の速度は、在来線と著しい隔離があるので、この速度を実現出来る要件をもって、新幹線鉄道の区別の基準とされた。この条文もまた、技術の変化に柔軟に対応し得るようになっている」

資金調達は、新幹線建設の大きな問題である。それゆえ、整備法第13条には、財政上の措置等として、「国は、新幹線鉄道に関し、その建設のため必要な資金についての助成その他必要な措置を講ずるよう配慮しなければならない。地方公共団体は、新幹線鉄道に関し、その建設のため必要な資金についての援助、その建設に要する土地の取得の斡旋その他必要な措置を講ずるよう努めるものとする」と定めた。この規定は、鉄道の建設に関する国または地方公共団体の助成を定めた立法として、先駆的役割を果たした。ただ、このような規定を法律に明記することに対し、当時も今も、財政当局はいつも極めて消極的である。この法律が政府提案でなく、議員立法によって国会に提出された理由の一つがここにある。

しかし、1970年（昭和45年）施行の整備法第13条の規定は、「国は……助成を配慮しなければならない。地方公共団体は……資金の援助に努める」との努力規定にとどまっており、具体的な措置を義務付けたものでなかった。従って、なかなか実効は上がらなかった。この「……に配慮する。……に努める」との規定が、国、地方自治体ともに「……を負担する」と法律改正のうえ明記されたのは、それから28年後の1997年（平成9年）のことである。

赤羽駅の実績で決まった東京駅ルート（A幹線）の選択

全国新幹線鉄道整備法によるその第1号として、東北新幹線（東京～盛岡間）と上越新幹線（東京〜新潟間）及び成田新幹線（東京〜成田間）の基本計画が、1971年（昭和46年）1月に決定された。この時、東北新幹線・上越新幹線基本計画では、ともに、「起点 東京都」となっている。したがって、埼玉県内にある大宮駅は、上越新幹線の本来の起点ではない。現在、上越新幹線電車は、東北新幹線東京〜大宮間の線路を走っているのである。

基本計画策定時、大宮から東京都心へ、2つの新幹線ルートが考えられた。それを当時、第1新幹線・第2新幹線ルート、もしくは、A幹線・B幹線ルートとも呼んだ。そのひとつが東京駅に向けてであり、もうひとつが新宿駅に向けてであった。ともに、「起点 東京都」である。当時、在来線の東北・高崎・京浜東北各線からの東京都心への通勤定期客の赤羽駅での流動は、上野方面3に対し池袋方面1であった。このような実績を踏まえ、まずは東京駅ルート（A幹線）が選択された。輸送需要からみると、開業当初から当分の間は、さしあたり東京〜大宮間を共用し、数年後に新宿ターミナルと新宿〜大宮間の建設をすることにした、と言われている。

なお、当時から、大宮から赤羽・田端を経て、池袋・新宿さらに渋谷・大崎への山手貨物専用線のルートがあった。現在、湘南新宿ラインが走っている線路である。大宮から新宿への第2新幹線（B幹線）ルートは、このルートの活用が基本であった。

複雑な経緯をたどった東京駅新幹線ホームの推移

●東海道新幹線乗り入れ

1960年（昭和35年）5月、東龍太郎東京都知事は十河信二国鉄総裁に対して「東海道新幹線（東京～品川間）について」との表題で照会してきた。

その内容は、新幹線の東京ターミナルは、本来大都市間の鉄道ターミナル駅としての性格をもつものであるから、極力都心を避け、少なくとも現国鉄山手線周辺にとどめるべきである。……近距離交通処理のため、（これまで東京都と協議し確保してきた）東海道線東京～品川間線増用地を新幹線用地に転換するのには、ただちに同意することはできない。諸般の事情から、始発駅を現東京駅とする場合には、……現在の東京駅両側駅前広場は東西に分断されており、交通処理上不適当であることに鑑み、（北東側にある）東京鉄道管理局を他に移転し、その跡地に駅前広場を設け、これら広場間の有機的な利用が期せるよう連絡街路、駐車場の整備を図ることであった。

東京都の基本的姿勢は、東京駅一極集中回避と東京駅周辺の自動車交通アクセス確保にあった。

しかし、国鉄は都知事に対し、「新幹線の東京ターミナルについては種々のご意見もあると思われるが、国鉄では都内外10余の候補地について詳細に比較検討した結果、東京駅を最善と考え、決定した。……新幹線完成後の在来東海道線は、運転時隔短縮等の対策により、通勤輸送力はかなり増強できるので、相当期間線路増設の必要ない見込みであり、新幹線開業後あらためてその対策を検討したい」と答えるだけであった。

東京オリンピック開催を控えた1963年（昭和38年）5月、東京都は、国鉄に対し、東海道新幹線増設に伴う東京駅北口広場計画の進捗について重ねて照会してきた。だが、国鉄は「改良計画は検討しているが、なお相当の日時を要する」と回答し、当時は鉄道施設の建設は建築確認申請の適用除外であったため、そのまま新幹線ホームの工事を進め、1964年（昭和39年）、東海道新幹線開業に合わせ東京駅2面3線を使用開始とした。

●東北・上越新幹線乗り入れ

東北新幹線の東京駅直前の進入ルートは、東京〜神田間は京浜東北線高架橋に並行する都道407号線沿いの上空に新幹線高架橋をつくるものだった。当然、東京都からの道路縦断占用許可が必要となる。国鉄と東京都とは協議もままならない膠着状況が10年続き、国鉄用地内の東京駅新幹線ホームの工事が進んでも、「いつ、線路がつながるか」の見込みは全くつかなかった。

協議が動きだしたのは、上野駅設置が決まり、北区や埼玉県南3市（戸田・浦和・与野）での反対運動に解決の目途が立ち、東京都知事が美濃部亮吉から鈴木俊一に代わった1979年（昭和54年）4月以降になってのことだった。

鈴木都政も、多心型都市構造を目指し、都心への業務機能の集中を抑制し、副都心や多摩への業務機能の分散を図る基本姿勢は、美濃部都政の時と変わりはなかった。だが、その対応は弾力的であった。東京都は、1979年（昭和54年）7月、国鉄からの東北新幹線建設に関わる基本協議を受理し、翌1980年（昭和55年）7月に、基本協議了承の回答を出した。ただ、やはり、「新幹線の東京乗り入れに併せて、東京駅の北側に東西を連絡する自由通路及び必要な〝広場〟を整備すること」等の条件はついてきていた。

この〝広場〟の解釈を巡り、「駅前広場の土地は、天まで青空の空間である」という主張（東京都）と、「駅前広場の土地の上に建物を造ってもよく、そこに〝駅前広場の機能〟が確保されておれば良い」との主張（国鉄）とが残った。それから30年、東京駅舎復原、八重洲再開発に合わせて東京駅日本橋口に青空駅前広場が整備された。広場に接してJR

の高層ビルが建っている。「容積率転移などの知恵で長年の懸案が解決されたのかな」と思った。当時を知る方によれば、「東京都の起案書には〃駅前広場〃の下に〃機能〃と書き加えられていた」という。

●東海道・東北新幹線、相互直通運転の否定

東北新幹線（東京〜盛岡間）工事実施計画（その１）における東京駅の新幹線ホームの配線は、東海道新幹線用と合わせ４面８線である。東京駅で行き止まりとなっている東海道新幹線３線を除き、５線の線路は、東海道新幹線と東北・上越新幹線とがつながっていた。

東北新幹線ホーム２面４線を造るには、在来線ホーム７面のうち、２面を新幹線ホームに転用せねばならなかった。在来線ホーム７面の使用状況は、中央線・山手線・京浜東北線・東海道線・横須賀線が各１面、長距離列車が２面であった。対応策は、横須賀線の丸の内側地下ホームへの移設と、山陽新幹線岡山〜博多間開業に伴う長距離特急列車再編による生み出しであった。

一方、東京駅新幹線ホームの増設は、東北・上越新幹線にだけでなく、東海道新幹線にとっても必要となっていた。山陽新幹線岡山〜博多間開業に伴う東海道新幹線のダイヤ

は、1時間あたり「ひかり」4本・「こだま」4本の4 - 4ダイヤから、「ひかり」5本・「こだま」5本の5 - 5ダイヤへの対応だった。博多開業から4カ月遅れの1975年(昭和50年)7月に東海道新幹線ホームは3面5線となった。さらに、路線が長くなった東海道・山陽新幹線の異常時の列車ダイヤの乱れを最小限に収め回復させるため、東海道新幹線ホームを3面6線として、東京駅の着発線能力を増加すべきとの議論がまき起こっていた。当時、東海道・山陽新幹線の定時運転率は、雪害・ATCの誤動作・架線トラブル等から低下していた背景もあった。

1977年(昭和52年)12月に、上野駅新設が認められた東北新幹線工事実施計画変更(その2)では、東海道新幹線ホームは3面6線、東北新幹線1面2線となっており、東海道新幹線ホームは、東北新幹線工事費で、1979年(昭和54年)12月に3面6線となった。

その際、線路配線図上では、東海道新幹線と東北・上越新幹線と直通ルートは、東北新幹線着工時の5本(12番線~16番線)から、14番線1本のみ、とすでに変更されていた。

上野駅設置に伴う工事実施計画の変更申請に当たっての国鉄常務会資料では、「東海道と東北・上越新幹線との直通運転はダイヤの乱れが相互に波及し、運転管理面から多くの問題が予想されることなどから、団体用臨時列車等特殊列車の直通運転の可能性は残すにしても、直通運転は考えられない。直通方式による車両基地の相互利用（東海道を田端に、東北・上越を品川・大井に入出区）は、東京〜品川間の線路容量が輸送の弾力性を確保するうえで、重大なネックとなること、列車乱れの相互波及、基地での構内作業などの面においても、当初予想された以上に問題が多く、得策でない」と、直通運転を否定している。

結局、東京駅の東海道新幹線ホームは、その後の増発も加わり、3面6線の使用が定着した。その結果、上野駅で着発線2線が増加したこともあり、東京駅の東北・上越新幹線ホームは1面2線での開業となった。なお、東海道新幹線と東北・上越新幹線の直通ルートについては、JR東日本とJR東海とが協議のうえ、構造的には可能であるが、線路は結ばず、今日に至っている。

●北陸新幹線乗り入れ

1989年（平成元年）6月に、北陸新幹線（高崎〜軽井沢間）の工事実施計画が認可され、長野発の新幹線電車が東京駅へ入って来ることになった。北陸新幹線高崎〜軽井沢間の建設費総額1958億円の中には、東京駅新幹線ホーム（1面2線）新設350億円が含まれていた。

北陸新幹線（東京〜長野間）開業時には、北陸新幹線の輸送量が上越新幹線に匹敵することから、1時間あたり東北7本、上越4本、北陸4本と、計15本となる。それゆえ、東京駅での東北・上越・北陸新幹線ホームを2面4線とすることが必要となった。

線路用地も在来線からの転用ホームもないことから、丸の内側の中央線ホームを2階へ押し上げ重層化し、その下の空き地を使って、在来線ホームを1線分、順次、丸の内側へと移動し、新幹線ホーム増設余地を生み出すことになった。この場合、中央線重層化への神田方取り付け部分のルート選定上、どうしても道路（都道98号）上空を324mほど縦断占用することが必要となった。一方、その頃、東京都にとっては、寝耳に水の北陸新幹線建設負担金88億円（東京駅新幹線ホーム建設費の25％相当分）の支払い請求が東京都へ伝えられていた。

国、東京都等の都市側と協議を開始したが、なかなか進展しなかった。道路管理の都側から開口一番言われたのが、「鉄道の上に道路が縦断占用した例はありますか。なにしろ、上空占用分の道幅を反対側に付け替えてください」とのことだった。道路の反対側には、大手町ビル等がずらっと並んでいる。とても取り壊し用地買収などできるものでなく、お百度参りが続いた。だが、幸いに、1990年（平成2年）6月に1998年（平成10年）

2月の長野冬季オリンピック開催が決まった。一転、「オリンピックに間に合わせよう」との流れが強まり、また、これまで東京都との懸案となっていた中央線三鷹〜立川間の連続立体交差化事業着手に、JR東日本が了解の意向を示したこともあり、1992年（平成4年）5月に道路占用許可がおりることとなった。

許可条件として、道路占有面積を最小限に抑えるため、最終段階で出来るだけJR敷地内に引き戻すこと、高架橋の柱は歩道内に収めること、都市景観に十分に配慮することなどが付された。

工事は順調に進み、工事中車道まで張り出していた中央線高架の橋桁は、1996年（平成8年）11月には、許可条件通り歩道敷きまで引き戻された。1997年（平成9年）10月1日、新設の東京駅新幹線ホームで、北陸新幹線開業式が執り行なわれた。

東京駅周辺の整備――一極集中反対から都心再開発へ

東京駅周辺に超高層ビルが林立するようになった。丸の内側の丸ビル、新丸ビル、中央郵便局は建て替わり、昭和の建物はなくなった。八重洲口には超高層のツイン、そして新しい北口広場をも超高層ビルが取り囲んでいる。三菱地所が東京マンハッタン計画というアドバルーンを打ち上げたことがあった。提案の容積率2000%以外は、ほぼその通りになっている。東京都が、東京駅一極集中反対の旗を掲げ、東海道新幹線、東北新幹線の東京駅乗り入れに強く難色を示した時代には思いも及ばぬ光景だ。東京都政の方針が、一転、東京駅一極集中反対から東京駅周辺の都市再生・再開発へと変わっている。

時代が動いた発端は、1984年（昭和59年）3月14日、日本興業銀行系列の興和不動産が、国鉄品川貨物駅跡地4万6000㎡を約1000億円（200万円／㎡）、公示価格の約3倍で落札した時だった。当時、世間は驚いた。当該地は、準工業区域で容積率400%、隣は食肉市場、海岸近くのさびれた場所であった。だが、当事者の思惑通り、その地域は、1998年（平成10年）11月には品川インターシティという超高層ビル街へと変わった。

国鉄が民営分割されてJRが発足した1987年（昭和62年）度、国土庁・運輸省・建設省が共同で国費により東京駅周辺地区総合整備基礎調査を行った。再開発構想策定の対象地区は、高度利用が十分行われず、かつ今後一体的整備が期待される東京駅を含む街区、旧国鉄本社敷地、及び東京郵便局敷地からなる面積約25haの範囲であった。

東京駅周辺地区再開発調査委員会（委員長：八十島義之助東大名誉教授）、通称、八十島

委員会で検討がなされ、１９８８年（昭和63年）３月に、その後の指針となった報告書が公表された。

報告書は、まず、下水処理能力等の公共施設容量等を考えれば、東京駅周辺の本地区における開発可能な床面積は、駅施設を除き、当面おおむね１４０ha（霞が関ビル８～９棟分程度）とした。

八十島委員会の姿勢は、東京駅周辺に高層ビルを建てながら、公共貢献という形で、東京駅周辺の課題を解決していこうというものだった。その内容として、東京駅赤煉瓦の現在位置でのなんらかの復原、東京駅構内盛土部分の２分の１の容積を旧国鉄本社跡地へ移転や、八重洲北口のＪＲ東海ビル計画、北口のＪＲ東日本ビル計画などが、既に構想として論じられている。

同時に、東京駅の課題を列挙し、図示している。例えば、東西を結ぶ通路がないことから、北部と南部に自由通路が必要なこと。八重洲南部の鍛冶橋には、京葉線の出入り口だけしかないことから広場機能が必要なこと。東北新幹線乗り入れに際し都知事と国鉄総裁の間で、日本橋口に約５０００㎡の広場を持つことになっていた広場を暫定的なものから本格的な広場に整備する必要があること、などである。

八重洲口の広場についても指摘している。八重洲口が開かれたのは1930年（昭和5年）4月であり、初代駅舎は平屋であった。戦後の1948年（昭和23年）、2代目の2階建て駅舎ができたが、翌年火事で焼失してしまった。1950年（昭和25年）頃になると戦後復興も進み、八重洲地区も商業・オフィス地区となってきた。そこで、駅ビル構想が持ち上がり、1954年（昭和29年）、6階建て高さ28mの鉄骨造りの八重洲駅ビルが誕生した。当初計画は、12階建て高さ47mだったが、当時の建築基準法の31mの高さ制限と駅前広場の未整備という理由で特別認可が得られなかった。その後、八重洲駅前広場の計画が決定し、建築基準法も改正されたため、1968年（昭和43年）、7階から12階まで増築を行っている。だが、八重洲が賑わいを増せば増すほど、その駅前広場は手狭になってきた。

八重洲駅前広場は、都市計画上2万数千㎡であった。だが、その半分は通過交通の道路（外堀通り）なので、実際の広場面積は1万㎡程度だけであり、奥行きは35mしかなく、車両の動線が輻輳している、歩行者も歩きづらい、高速バス停車場が密集している、客待ちタクシーが道路にあふれている状況である。こうした状況を解決するために、まずは、中央のデパートの入っている駅ビルを撤去して、その容積を北と南の超高層ビルに振り向け、広場の奥行きを拡げ、そして、デッキなどで歩車動線の整備を図る計画を作り上げた。丸の内側の駅前広場も、旧都電敷きであったため、歩行者空間が分断され、タクシーも右扉を開けねばならない状況であり、交通動線の改良が必須であった。

これらの課題の解決策や東京駅復原の方向がまとまり、その具体化に向けて、丸の内駅前広場及び八重洲駅前広場の都市計画決定がなされたのは、八十島委員会報告書から14年後の２００２年（平成14年）６月のことである。

東京駅周辺再開発では、東京駅構内に高層ビルを建てる構想と東京駅舎の復原構想との２つは、いつも表裏一体の議論であった。高層ビル建設構想の最初は、１９５７年（昭和32年）頃、当時の十河国鉄総裁の発案で、東京駅の将来構想の検討を進めた時に発表された、丸の内駅舎24階建て案である。当時、すでにツインビルのデッサンも描かれていた。その折、超高層ビルの構造について武藤清東大教授に研究委託している。１９６２年（昭和37年）８月には建築基準法が改正されて高さ31ｍの制限が撤廃された。そして、国鉄が委託した研究の成果である耐震構造として鋼材を組み合わせた柔構造が、１９６５年（昭和40年）３月起工の霞が関ビルの建設に活かされることになる。いわゆる「超高層のあけぼの」であった。

その後、高さ31m制限撤廃から超高層化の波は、丸の内界隈にも押し寄せて来た。1974年（昭和49年）、東京海上火災ビルが竣工、丸の内景観の大変化が起き始めた。

東京駅復原の具体的動きは、1977年（昭和52年）3月に美濃部東京都知事と高木国鉄総裁との会談で、東京駅と丸の内一帯のオフィス街の再開発構想を発表したことに始まる。同年10月には、日本建築学会が東京駅丸の内本屋保存要望書を国鉄総裁に提出している。当時の将来構想として、保存・非保存の観点から、全面保存案、ファサード保存案・部分的なファサード案などが超高層ビル案と合わせて提案されていた。例えば、1995年（平成7年）に竣工した皇居に面した第一生命ビルのように丸の内駅舎のファサードを保存し、駅構内にツインタワーを建てる案などの検討が進んだ。だが、この案は、JR東日本だけでも40万人の乗車客が行き交い、各ホーム数分間隔で電車が発着する東京駅構内での高層ビル建設での安全確保、さらにはコストアップも予想され断念となった。

そこで、丸の内駅舎だけの保存を図り、その工事資金調達のため、余裕の出る容積を他に転移する手法の検討に入った。この手法は、国鉄改革スタート時の1987年（昭和62年）、東京駅の周辺地域における国鉄清算事業団所有地の効用を高め、売却を促進するために試みられている。当時、旧国鉄本社ビルは900％の容積率を持っていたが、東京駅の盛土部分の土地の容積を旧国鉄本社用地へ移転すると、さらに４５０％程度の積み増しが可能となり、土地を高い価格で売却することが可能となる計画だった。しかし、この折は、実務の根拠となる法律が全くない状況で実現に至らなかった。一方、すでにアメリカでは、大きな道路に面した古い教会などの歴史的建築物を保存するために、そこの容積を道路越えの土地に移転できる移転開発権（TDR=Transferable Development Rights）というものがあった。

十河国鉄総裁の東京駅復原構想から40年余り、１９９８年（平成10年）10月、石原東京都知事と松田ＪＲ東日本社長が会談し、丸の内駅舎の復原に関し意見一致し、戦前駅舎の復原を行うこととなった。

２０００年（平成12年）には、都市計画法及び建築基準法の改正に伴い、特例容積率適用区域制度が設けられ、伝統的建造物が存在する敷地からの容積率移転が可能となった。この制度は、都市機能の集積する既成市街地のうち、特に土地の高度利用を図る必要性の高い地域について、その高度利用を促進して行くためのものである。

２００２年（平成14年）、特例容積率適用区域第１号として、「大手町・丸の内・有楽町地区」（１１６ha）が指定され、２００７年（平成19年）５月、ＪＲ東日本は、この制度を活用して資金調達し、2012年（平成24年）度末完成を目指して復原工事に着手した。なお、2007年（平成19年）時点での容積率移転先は、丸の内側の東京ビルディング・新丸ビル・丸の内パークビルディングと八重洲側のグラントウキョウなどの各超高層ビルである。

新幹線上野駅設置に伴うルート変更

東北新幹線建設の基本計画決定前の1969年（昭和44年）12月、台東区議会は「上野駅を改築し、東北新幹線の起点とすることの意見書」を採択し、1971年（昭和46年）1月に基本計画が決定するや、町内連合会は4000名以上の署名を集め決起大会を開いている。しかし、同年10月認可の工事実施計画のルートには、御徒町《おかちまち》駅付近から地下へ、不忍池東側から上野公園の下、そして鶯谷駅方面へと抜けており、新幹線上野駅はなかった。

上野公園の管理者である美濃部東京都知事が、1972年（昭和47年）2月、東北新幹線建設に反対の表明をした。理由は、上野公園にある不忍池の水が枯れ樹木の水脈を断ち切る懸念があったこと、及び、新幹線の騒音・振動が都民の生活環境を破壊するとのことだった。

１９７３年（昭和48年）３月28日、美濃部都知事は、北区公会堂にて、新幹線通過断固反対を表明した。以降、数年にわたり、東京都と国鉄との協議は進捗をみることはなかった。

局面が動いたのは、工事実施計画認可から5年、１９７６年（昭和51年）２月だった。台東区長が、運輸省・国鉄に対して、日暮里・鶯谷・上野・御徒町地区の住民３５００名の署名簿を添えて、新幹線上野駅設置を改めて陳情した。３月には、東京都議会にて美濃部都知事は東北・上越新幹線の問題に触れ、「新幹線の東京駅集中は、防災上好ましくないので、地下方式を前提にして、上野ターミナル案を実現させる方向でいる、このことを国鉄に強く要請するつもりだ」と公式の場において、初めて新幹線問題の所信を明らかにした。

４月には、台東区が、新幹線駅を、現上野駅東側（浅草側）地下に設置する案を発表した。これは、秋葉原付近から京浜東北線に沿って地下に潜り、新幹線上野駅を建設し、日暮里駅付近で地上に出てくるルート案であった。実は、東京都・台東区・国鉄の実務サイドが、水面下で月日をかけて、何度となく打ち合わせ検討してきたルート案であった。

内山台東区長は、現地にアパートを借りて泊り込み、反対派の住民と同じ銭湯に通うなど、文字通り裸の付き合いをし、説得を続けた。同時に、現地をつぶさに歩き、鶯谷〜日暮里間で京浜東北線・山手線東側の根岸2丁目を通る台東区ルート原案を、西側の谷中の墓地側へS字カーブで一旦ふり、日暮里駅へ至るルートへと変えることを決断した。根岸2丁目は、正岡子規らの歴史的遺産も多く、根岸の里と呼ばれた比較的閑静な住宅地で、かつ線路はトンネルから地上高架へと上り勾配となる場所で、トンネルの土被りが薄くなることから騒音・振動への反対が根強く、解決にはさらに時間がかかるものとの判断だった。内山台東区長以下の住民説得と決断の結果、100%の賛成が得られ、1977年（昭和52年）7月から8月にかけて国鉄は平穏裡に現地調査を行い、9月に、新幹線上野駅設置は技術的に可能と発表した。11月、国鉄は、理事会にて上野駅設置に伴う東北新幹線工事実施計画変更（その2）の認可申請を正式に決め、同年12月認可となった。台東区区議会が「新幹線上野設置」の提言をしてから、8年目のことだった。

上野駅設置及びルート変更による総工事費の増額は863億円であった。この処理を巡って、運輸省と国鉄の主張が異なった。当時、1977年（昭和52年）11月の国鉄常務会資料によれば、上野駅設置の理由は、上野に2面4線のサブターミナルを作り、東京駅と上野駅併用で着発線能力を向上させる、とある。一方、運輸省は、工事費の増額を避けるため、「新幹線上野駅は新設するが、全列車上野駅折り返しとすれば着発線能力は同じ4線となる。東京駅及び東京〜上野間の工事は取りやめるべき」との主張だった。だが、上野駅新設だけで認可された東北新幹線（東京〜盛岡間）工事実施計画変更（その2）の総工事費は、前回認可額の2兆1040億円に、国鉄算定の上野駅新設及びルート変更に係わる工事費増863億円を、そのまま上乗せした2兆1903億円となっていた。

どうしてそうなったのか。国鉄が本音では東京駅乗り入れを望む以上、東京〜上野間の建設を公式に取り止めるには、工事実施計画変更にあたり、運輸省は、東北新幹線起点の変更、東海道新幹線との直通運転取り止め、東京駅新幹線ホーム増設の中止について、自ら政府与党・関係自治体の了解を取り付けねばならない。一方、仙台・盛岡から、新潟から、東京駅乗り入れという期待が高まる中、とても、そのような変更を行う時間的余裕はなかったものと思われる。

国鉄は、そのまま、東京駅及び東京〜上野間の設計協議や工事を進めた。一方、運輸省は、国鉄が東京〜上野間の建設中止に同意したものと思っていた。この時のやりとりが、10年後の国鉄監理委員会提言での「東京〜上野間建設の凍結」へと続いて行くことになる。

反対運動の中で進められた赤羽〜大宮間の新幹線建設工事

●荒川〜大宮間、トンネルから高架橋への変更

東北新幹線荒川〜大宮間の当初公表ルートは地下であった。1971年（昭和46年）10月認可の工事実施計画（その1）記載のルートは、赤羽駅を通過後、荒川の手前から新河岸川沿いに上流側へ進み、北区と板橋区の境界付近で荒川を斜めに渡り、埼玉県の県南3市（戸田・浦和・与野）を地下（南埼玉トンネル10・6㎞）で通過し、大宮駅に至るものだった。

だが、1年半後の1973年（昭和48年）3月、国鉄は「大宮以南ルートをトンネルから高架橋に変更し、同時に、新幹線に並行して通勤別線を建設する」との計画変更を提示した。

その日を境に、新幹線反対運動は燃え上がった。変更理由は、一言で言えば地質不良であった。だが、地質状況のあらましは当初から予測出来たのではないか。では、どうして最初に地下ルートと決めたのか。また、どうしてすぐに通勤別線併設の話が出てきたのか。その経緯を示す資料は見当たらない。

その間の経緯を、東北新幹線赤羽〜大宮間の建設を、着手から完成まで、国鉄本社新幹

線建設局及び東京第三工事局で担当・指揮を執った向井軍治は、次のように回想している。

「赤羽〜荒川〜大宮間の新幹線ルートは17〜18案あった。最後まで議論となったのが、東北貨物線（大宮操車場〜田端操車場間）の地下をトンネルで通すか、貨物線を一部改良して地上を通すかの2案であった。だが、貨物線の新幹線への転用は、国鉄本社が認めなかったこと、及び、貨物線直下を縦断してのシールドトンネル施工は極めて危険との判断もあり、新幹線ルートは在来線とは別線とせざるを得なくなった。トンネル案の背景には総武線（東京駅〜両国間）地下ルート完成を踏まえた手堅い技術思考があり、地上高架案の背景には、交通政策として、単に地下に新幹線を通すだけで良いのか！　との地政学的な思いがあった。両者の議論は何度となく行ったが、工事実施計画申請のタイムリミットが迫ってきており、当時の新幹線局長の決断で、貨物線とは別の場所に地下ルートを描き申請したものである。

しかし、工事実施計画（その1）申請後も、当時の岡部達郎東京第三工事局長は、地下ルートでは駄目だ、との思いは消えなかった。地質状況を確認のうえ、新幹線高架と通勤別線との併設案をもって、北区、埼玉県へ働きかけた。当時、埼玉県は、高島平まで来ている都営地下鉄を埼玉県内への延伸を検討していたことから、通勤別線の話は、建設費を負担せずに東京都心へのルートが出来ることであり、埼玉県にとっては、渡りに船の感でもあった。そのような背景から、地下ルートから単に高架ルートに代わるのでなく、地域に停車駅も出来る通勤別線と併設する高架案への変更が、大きな反対運動を引き起こすとは、埼玉県も予想してはいなかったようである。

北区の一番の要望は、在来線赤羽駅周辺の高架化であった。従って、新幹線ルートは、赤羽駅では高架化した在来線を想定して、それを高く乗り越えて行く設計となっている。赤羽から先は、荒川の下をトンネルで抜くことに危惧があったことから、架橋可能地点の舟渡まで新河岸川沿いに高架橋で行くルートを選定したのだった。しかし、通勤別線と併設となれば、赤羽～荒川間に通勤別線の駅が出来るルートでなければ意味がないことになる。その観点から、赤羽～荒川間に2駅（北赤羽・浮間舟渡）設置で北区と調整し、変更したのが現ルートであった。

だが、このルート変更で、新幹線が市街地に割って入ることとなり、また、赤羽台地にある星美学園の地下を通ることとなった。そのことが、さらに、北区内の新幹線通過反対の住民運動を助長することになった」

当初は、高架区間で影響を受ける東京都北区・板橋区と埼玉県戸田市のみが、「新幹線通過反対」を議決していたが、地下方式から高架方式へと変わった浦和市・与野市両市議会でも、「高架方式反対」を議決することとなり、埼玉県議会も「計画の再検討」を議決し、埼玉県知事も、県南の地下化を再要望するに至った。住民運動組織として、戸田市・浦和市・与野市が一体となった反対組織「新幹線反対埼玉県南三市連合会（三市連）」が結成され、ルートが通勤別線がらみで建物密集地に入ってきた北区でも、反対組織「北区新幹線対策連絡協議会（北新連）」が結成された。以後、北新連、三市連が中心となって、抗議集会、デモ、請願、そして、工事差止め訴訟と、反対運動を展開して行った。

転機は、北区が、１９７７年（昭和52年）年２月から区内７地区で住民との懇談会を開催した結果、このままでは、将来の生活設計が成り立たないと、２８０世帯が地権者会議を結成し、早期用地買収方の要望を出したことだった。北区長は、東北新幹線問題は全国的視野に立って判断するべきとして、４月に条件付賛成の見解を表明した。北区議会も、５月議会は反対派の乱入により流会となったが、６月には、条件賛成を議決し、新幹線公害対策の実施、赤羽駅付近連続立体交差事業の同時実施等の付帯７条件の解決を前提に新幹線建設に同意することとなった。

埼玉県内においても北区同様、早期用地買収方の要望が出始め、埼玉県知事は、同年12

月、話し合いに入る4条件として、通勤新線併設、環境基準の完全達成、大宮駅全列車停車、大宮～伊奈間新交通システムの実現をあげた。埼玉県議会も「新幹線建設に関する決議」を可決した。

浦和市議会では、「行政対応」を求める住民の請願を採択し、10月には、総務委員会は6年半ぶりに国鉄の説明を受けた。当日、三市連が動員した反対住民約1000名による阻止運動があったが、機動隊の出動を要請し、説明会を決行した。このことが、県南3市全体のその後の動きに大きな影響を与えた。1979年（昭和54年）12月、戸田・浦和・与野の3市議会が高架新幹線容認を決議した。それを受け、国鉄は、荒川～大宮間を高架橋ルートへと、工事実施計画の変更申請を行い、1980年（昭和55年）1月に認可となった。なお、ルート変更に伴う総工事費の増減は、用地等増516億円に対し、主体工事費減506億円となり、差し引き10億円増とほぼ同額であった。また、同年4月に通勤新線の駅設置も認可された。

地元説明会を経て起工式が行われたのは、与野市が1980年（昭和55年）6月、浦和市が1981年（昭和56年）12月、戸田市が1982年（昭和57年）2月、当初の工事実施計画（その1）が認可されてから10年経っていた。ちょうどその頃、1982年（昭和

57年）６月23日に東北新幹線大宮〜盛岡間、同年11月25日には上越新幹線大宮〜新潟間が、暫定開業した。

たとえ、議会、行政という組織での合意を得ても、用地取得は個人との交渉事である。北区の北新連、県南三市の三市連で、あくまで反対を貫く地権者、また、一人の個人、法人として用地売却に同意しない地権者、これら全ての地権者からルート上の土地を取得しない限り、線路はつながらない。その解決には、まずは誠意と熱意を持っての限りない話し合い、次に司法の場で、最後は収用採決という公権力で、ということである。

だが、地権者の大半から同意を得ない段階で収用委員会へ採決申請などできるものではなく、また、受けてもらえるものでもない。基本は、お一人おひとりに、雨の日も風の日も、追い返されても、追い返されてもお訪ねし、会っていただくお願いの繰り返しである。その積み重ねが、反対地権者から理解を得、また、世の中から共感を得る道である。さりとて、極めて数少ない方の反対だけで全体工期を遅らせる訳には行かない。万策尽きて、そのときになった折の歯止めが、公権力の使用である。伝家の宝刀は、抜かぬにこしたことはない。

１９８３年（昭和58年）６月、向井軍治は、東北新幹線赤羽〜大宮間の建設現場に戻って来た。現地責任者の東京第三工事局長として、赤羽台から展望すると、眼下の新幹線ルート上にびっしりと建つ建物が1戸も立ち退いていない。1985年（昭和60年）3月の開業予定、工事局職員も建設業者も、誰しも間に合わない、と思っていたようだ。前任者からは、開業目標にはとても間に合わない、との引き継ぎだった。向井自身も、五分五分との思いで立っていた。

北区の反対派・北新連は、国鉄の現地測量立ち入りを実力阻止するため、1973年（昭和48年）10月以来、新幹線赤羽台トンネル入口正面付近に高さ6mの木造のヤグラを建て、抵抗し続けていた。ヤグラの一部が国鉄用地内に建てられていることから、ヤグラの撤去と土地の明け渡しを北新連に再三通告したが、応ずる気配もなかったため、国鉄は北新連を提訴した。これに対して、北新連の住民203名は、国鉄を相手として、1980年（昭和55年）9月、東京地方裁判所に、東北新幹線建設工事の差止請求を行った。さらに、1984年（昭和59年）9月、工事差止め訴訟の一部原告を含む153名は、北区内の工事続行禁止を求め、仮処分を申請した。この時点で、国鉄と北区住民の間で、東北新幹線工事に関していくつかの訴訟が重なったため、東京地方裁判所は両者に和解勧告を行った。勧告を受け、1984年（昭和59年）10月3日、和解が成立し、双方が訴訟を取り下げることとなった。ヤグラは、国鉄により撤去された。

和解事項には、「新幹線による騒音は70ホン以下、振動は70デシベル以下、及び、北区内の新幹線の列車速度は線形上の制約により低速度区間（時速１１０km以下）とする」とある。

一方、戸田市・浦和市・与野市の三市連も、１９７８年（昭和53年）１月に工事実施計画の変更（その４・地下方式から高架方式に変更）が認可されると、同年４月、原告89名が変更認可の処分取り消しの行政訴訟を浦和地裁に提起した。１９８２年（昭和57年）11月、浦和地裁は、「計画書の認可は新幹線建設を実施する過程でなされた行政内部の行為であり、認可自体が原告らの権利を侵害するものとは言えない」として却下した。11月、原告側は、却下を不服として東京高裁に抗告したが、１９８３年（昭和58年）９月、東京高裁は即時申し立てを却下した。

東北新幹線・通勤新線は赤羽駅の上を越えると、そのルートは、西側に曲がりながら、赤羽台をトンネルで抜け、北赤羽駅、浮間舟渡駅へと向かう。赤羽台トンネルの上には星美学園があり、地権者であった。トンネルを抜くには、学園用地内の地上権設定が必要となる。

１９７３年（昭和48年）から１９７６年（昭和51年）ころにかけて、国鉄に、新幹線反対の陳情書が十数回にわたり送られてきた。その後もなかなか話し合いの糸口がつかめず、星美学園は１９８０年（昭和55年）３月、学園内の活動が破壊されるとして、東北新幹線赤羽〜荒川間の建設工事中止の仮処分申請を東京地方裁判所に提訴した。

第１回審尋以来、43回の審尋と数十回にわたる法廷外の話し合いが持たれ、１９８２年（昭和57年）11月に双方和解となった。

１９８５年（昭和60年）３月14日に東北新幹線上野〜大宮間開業、及び、同年９月30日には通勤別線（埼京線）の開業となった。それは２年前、向井軍治・東京第三工事局長が、赤羽台にて、五分五分か、と思った開業目標の日であった。

●通勤別線（埼京線）の建設と都市施設帯用地の確保

当時、在来線の東北・高崎両線は、赤羽〜大宮間では複線を共用していた。１９７７年（昭和52年）の定期交通量調査によれば、赤羽〜大宮間における中距離電車のラッシュ１時間の通過人員は、７万６０７０人、乗車率は２５６％であり、さらに、１９８５年（昭和60年）には10万１４００人、３４１％、となるものと予測された。赤羽〜大宮間の線路増設はいずれ不可欠な状況だった。折しも、１９７７年（昭和52年）12月、畑埼玉県知事が、荒川〜大宮間の新幹線建設について話し合いに入る４条件の一つとして、通勤別線の実現をあげた。

そこで国鉄は、新幹線建設に関わる地元協議を見極めて、１９７８年（昭和53年）10月、東北本線赤羽〜大宮間（17・１㎞）及び高崎線大宮〜宮原間（４・０㎞）線路増設（通称・通勤別線）の認可申請を行った。赤羽〜大宮間は東北新幹線に併設し、大宮〜宮原間は、高崎線にほぼ併設し、赤羽駅では、赤羽線と接続し、大宮駅では、大宮以南の折り返し運転、高崎線及び川越線との接続が可能とするものだった。工期は東北新幹線工事と同時施工で、総工事費約２４００億円である。

通勤別線は、１９７８年（昭和53年）12月、認可を得て着工し、東北新幹線上野開業から半年後の１９８５年（昭和60年）９月30日に、埼京線と名付けられ開業した。ただ、認可を受けていた高崎線大宮〜宮原間の線増工事は行われず、埼京線は川越線と直通運転となった。車両基地の位置も認可時の戸田市と浦和市の境から川越線南古谷《みなみふるや》駅に変更となり、２面４線の快速停車ホーム駅も、戸田駅から武蔵野線と交差する武蔵浦和駅となっている。

通勤別線建設を国鉄常務会審議にかける前の段階では、「新幹線建設にかこつけて、また、赤字線を作る」との批判もあり、先行き不安な開業であった。大宮駅での運輸大臣出席の開業式当日、信号故障で一番電車が発車できなかったトラブルも起きた。しかし、今や、朝のラッシュ時の混雑は首都圏有数であり、立派な黒字路線である。

埼玉県知事の4条件の一つに環境基準の完全達成がある。この環境保全とは、環境基準勧告を達成することと、環境保全を考慮した都市計画に必要な一定幅の用地を線路両側に確保することであった。そのため、1980年(昭和55年)9月、戸田・浦和・与野の各市長連名で、「用地取得にあたっては、新幹線・通勤別線両側に沿って、都市施設(道路・公園等)を計画しているので、国鉄用地(工事用道路を含む)の外側に、それぞれ20m幅の用地を確保されたい。費用の負担については別途協議する」との要望書が出され、埼玉県知事よりも同趣旨の要望がなされた。

国鉄は、それまでの交渉経緯を考え、新幹線・通勤別線を高架方式で建設するには、高架橋に沿って都市施設帯の設置を認め、国鉄が都市施設用地を先行取得することはやむを得ないと判断した。都市施設用地の譲渡に伴う価格、支払い時期、方法等については、県南3市と別途協定を締結することとして、1981年(昭和56年)3月に国鉄総裁は承認している。総取得面積26万3400㎡、用地費総額454億円であった。

３市の対応は、１９８４年（昭和59年）12月の与野市長の回答、「この件については、環境空間（国鉄は、都市施設用地という）を取得するに至った経緯等もあり、なお、引き続き協議したいので、ご配慮方お願いします」に見られるように、都市施設帯用地を有償で引き取る気配は全くなかった。現在に至るも、県南３市との協議は進展せず、未だ、都市施設用地は、一部を除き、ＪＲ東日本が保有し続けている。

●埼玉新都市交通（ニューシャトル）の開業

埼玉県伊奈町は大宮駅の北10kmほどにある。町のど真ん中を上越新幹線は西に、東北新幹線は東へと分岐して行く。当初は、鉄道の恩恵に浴しないうえに公害のみを受けると、東北・上越新幹線建設に反対だった。しかし、一転、新交通システムを新幹線構造物と一体として組み込むことにより、町の整備・発展が可能であると分かると、１９７７年（昭和52年）３月、町議会は新幹線通過の条件として大宮～伊奈町間の新交通システム計画を議決した。これを受け、埼玉県も伊奈町への新交通システム計画を県の新幹線問題としてとりあげ、同年12月、畑知事は新幹線問題解決の４条件の一つとして言及した。

運輸省は、東北・上越新幹線建設推進の観点から、大宮～伊奈町間に新交通システムを導入することとし、１９７８年（昭和53年）11月、東北新幹線（大宮～伊奈町）の建設に関して、住田正二運輸事務次官と畑和埼玉県知事との間で協定書が締結された。「運輸省は新幹線施設が地域の都市整備に資するよう国鉄・日本鉄道建設公団を指導し、埼玉県は新幹線建設を前提として都市整備を推進し、関係する大宮市・上尾市・伊奈町をその方向へ指導する」との趣旨だった。

「新幹線構造物に添架する新交通システムは、大宮駅から伊奈町小針地区まで延長12・7km、完成時期は新幹線開業時期を目途とし、新交通システムの運営は関係自治体・国鉄が出資する第三セクターが行う。建設費の負担については、駅（用地を含む）は関係自治体、車両を除くその他施設は鉄道側（新幹線建設費）とし、それぞれを第三セクターへ有償貸付とする。但し、第三セクターの健全経営のため一定期間猶予する。本確認書をもって、鉄道側は、当該地域における東北・上越新幹線の建設に着手する」というものであった。

1980年（昭和55年）4月、第三セクターの埼玉新都市交通株式会社が設立された。上越新幹線（大宮〜新潟間）の大宮暫定開業からほぼ1年後の1983年（昭和58年）12月に、新交通システム（ニューシャトル）大宮〜羽貫間11・6kmが開業した。用地取得が難航し開業が遅れた終端の羽貫〜内宿間1・1kmは、1990年（平成2年）2月に、土地収用法による代執行にて空中権を収用し、同年8月2日開通し、全線（12・7km）開業となった。

なお、伊奈町人口（国勢調査値）は、1985年（昭和60年）の2万3867人から2015年（平成27年）の4万4442人と86％増加し、「バラのまち伊奈町」の統計では、少しずつではあるが、今なお（2017年8月現在）4万4605人と増加し続けている。

工事凍結を潜り抜けて完成した東京〜上野間の新幹線ルート

●東北新幹線、江戸通りの道路縦断占用

東京駅北の呉服橋跨道橋から常盤橋跨道橋までの500mは、江戸通り（都道407号線）中央分離帯に新幹線高架橋の橋脚を建て、東北新幹線高架橋が道路断面の半分にかぶさっている。

国鉄は、1971年（昭和46年）、東北新幹線の工事実施計画認可申請にあたり、河川の上に道路、道路の上に道路の首都高速道路計画を見て、道路の上に鉄道との発想で、難しいルート選定の中、止むを得ず、新幹線を道路上に建設することを考えた。だが、当時

も今も、鉄道側が、鉄道線路の上空に高速道路の縦断占用を認めた事例はほとんどない。鉄道と高層ビルとの間の4車線道路の半分の縦断占用、よくも占用許可が下りたものと思う。

鉄道も、道路も、そして河川も、地下から空まで、維持や将来計画に齟齬を来たすとして自分の領域を守ってきた。鉄道省（運輸省）、内務省（建設省）以来の伝統である。

当時、すでに退任してはいたが、東京都庁の都市計画分野で「山田天皇」と呼ばれ、都市計画局長、首都圏整備局長歴任の山田正男が「よく納得したものだ」との思いとなる。山田は東海道新幹線の東京駅乗り入れ以来、国鉄との都市計画協議に関り、その経緯を十分に知る立場にいた。

一方、山田正男は、道路、河川の上を縦断占用して高速道路を建設している。山田が若い頃に策定に参画した「東京高速道路網計画」を具体化した、「首都高速道路計画」が1958年（昭和33年）に工事着手となった。翌年、東京オリンピック開催が決まり、羽田空港から代々木のメイン競技場までの高速道路をオリンピック開催に間に合わせねばならなくなった。とても、新規に用地買収を行う時間がなく、山田自身が発想した「空中作戦」と呼ばれた、用地買収不要の既存の道路や河川の上に高速道路を建設する、という手法を用いて、首都高速道路30㎞を完成させた。日本橋川の上に高速道路が走っているように、以後、東京都心の高速道路の建設においては、河川や大型道路の上に高速道路を走らせる「空中作戦」が、建設手法の主流となった。

関東大震災復興計画の太田圓三、戦災復興計画の石川栄耀、と同様に、山田正男も、高度経済成長期の東京の交通網計画を長年にわたり担っていた。それだけに、道路の枠を越えて、広く大きな視点で東京の将来を見据えていたのかも……。首都圏整備委員会が反対の中の東海道新幹線の東京駅乗り入れ、都政の方針が東京駅一極集中反対の中の東北新幹線の東京駅乗り入れ、山田が東京都市計画の中枢にいたからこそ、実現できたのかな、との思いになってきた。

●東北縦貫線計画の棚上げ

東北新幹線ルートは、日本橋川を渡り常盤橋跨道橋を過ぎると、神田駅前後では、東京～上野間を結ぶ回送線を取り壊し、改めて新幹線高架橋を構築し秋葉原へと向かう。

最初の工事実施計画認可から６年、１９７８年（昭和53年）に、東京都知事から国鉄に対し、秋葉原付近～西日暮里付近間の基本協議を開始する旨の回答がきた。残された区間は、神田地区を貫く東京駅～秋葉原駅付近だけだった。もちろん、それまでの間、工事凍結中を含め、国鉄東京第一工事局は、神田地区の工事着手に向け地元と様々な交渉を重ねてきていた。そのとき、問題となったのが、新幹線高架橋の構造であった。

国鉄は、地上2階部分に東京〜上野間の回送線の復活、その上に高架を重ねた3階部分に東北新幹線を走らせる計画であった。回送線復活は、将来的に、東海道線・東北線通勤電車直通のいわゆる東北縦貫線の実現を目指したものであった。だが、これに地元が強く反発した。「2階を東北縦貫線、3階を新幹線という重層高架の高さは地上21・6m、列車を含めればビル8階の壁が1km以上続くことになる!」と、騒音・日照・電波障害などへの危惧の声だった。千代田区議会は、地元の請願を受け、1977年（昭和52年）4月、「住民の意思を無視する東北新幹線計画の強行に反対する意見書」を議長名で運輸大臣・国鉄総裁に提出するにいたった。

そこで国鉄は、基礎構造は3階建て重層高架を支え得る構造で建設するが、当面は、東京〜上野間回送線復活の3階建て重層高架を見送り、東北新幹線だけを2階高架で通すこととした。

さらに交渉を重ねた結果、1981年（昭和56年）3月、千代田区議会東北新幹線対策特別委員会は、「東北新幹線地上通過反対について、これを白紙撤回する。今後は地上通過を含めて神田駅周辺住民と国鉄が幅広い話し合いに入ることに期待するとともに、議会としても神田駅周辺の住民の生活と営業を守り街つくりに協力する」との委員長集約を行った。これを受け、東京都は国鉄に対し、同年８月、東京～秋葉原付近間の基本協議の開始に同意する旨の回答を行った。そして11月、東京都は、正式に東北新幹線の東京駅乗り入れを了解した。

１９８５年（昭和60年）６月の東北新幹線東京駅開業から23年経った、２００８年（平成20年）５月、神田駅の整備を図るとの前提で、地元との合意がなり、東北新幹線の上に在来線高架橋をのせる東北縦貫線（１・３㎞）の建設工事の着手となった。そして、２０１５年（平成27年）３月、東北縦貫線は総工事費４００億円で、「上野東京ライン」として開通し、東北線・高崎線と東海道線が相互直通運転を開始し、常磐線が品川駅まで直通運転となった。

●東京～上野間の工事凍結、そして凍結解除

工事実施計画認可以来12年、東京～上野間の工事進捗率が50％近くに達していた１９８３年（昭和58年）８月、突然、国鉄再建監理委員会の緊急提言「今後の設備投資は、緊急度の高いものを除き原則停止、東京～上野間は設備投資を凍結すべき」により、工事は凍結となった。

国鉄再建監理委員会メンバーだった加藤寛は「凍結か、見直しかで随分議論した。大方が上野でやめる意見だったが、すでに穴を掘り進んでいた。解凍の余地を残そうと、結局、凍結という表現になった」と回想している。中曽根内閣は、その提言を尊重し、そのまま閣議決定とした。だが、国鉄は、あくまで東京開業を目指し、安全確保のための必要最小限の工事、あるいは、引き上げ線工事、と称して、こつこつと東京~上野間の工事を継続していた。

一方、千代田区議会神田地区東北新幹線対策委員会は、1985年(昭和60年)5月、今度は逆に、「……神田駅周辺の街並みは櫛の歯が抜けたように破壊されたままの状態で放置されており、千代田区と周辺住民に一方的に多大な被害を与えております。……私たちはこのような理不尽極まりない方針を容認することはできません」との「東北新幹線東京~上野間工事凍結解除を求める要望書」を、政府と国鉄に提出した。この件は、衆参両院の国鉄改革特別委員会の審議でもよく取り上げられ、そして、与野党議員がよく現場視察に来られ、多くの議員からは「これだけ出来上っているのだから……」との声が出るようになってきた。

このような中で、政府答弁も少しずつ変わって行った。当初は、「投資の回収という観点からみれば、工事抑制の措置は止むを得ざるものと考える」とばっさりだった。次には、「……工事の取扱いについては、新しい経営形態のあり方との関連において、今後十分検討して行きたい」と将来に含みをもたす表現となって行く。そして、国鉄改革法が成立する段階になると、「……東京～上野間の取扱いについては、新幹線保有機構が東日本旅客鉄道の意見を聞いた上で工事を行うこととされている」と、再度着工の方向となって来た。

当時、すでに、政府部内では、「東北新幹線東京～上野間については、完成後、その利便は東北・上越新幹線のみならず、東海道・山陽両新幹線の乗客にも及び、広く回収することになる。また、１９８５年度（昭和60年度）までに６３０億円が投資されており、工事を停止して放置すれば、これについての回収に問題が生じる」との理由から、東京～上野間の工事継続も止むを得ないものと判断していた。新幹線鉄道保有機構法附則第７条には「（機構が保有する）新幹線鉄道の区間には、機構成立の時において建設中の東京から上野までの区間を含むものとし、機構は、当該建設中の区間の新幹線鉄道の建設を行うものとする」と記載された。ＪＲ発足とともに、東京～上野間建設工事の凍結は解除された。

●御徒町事故

東北新幹線東京〜上野間が、総工事費1208億円、工事完了予定時期を1989年（昭和64年）度として正式に認められ、本格的に工事再開となったが、用地交渉は難航した。神田駅周辺の高架下店舗等134軒の移転・付替え道路用地の買収17件、及び上野トンネルの地上権設定などである。この地域の工事は、1971年（昭和46年）着手以来15年間、反対運動、オイルショック、監理委員会提言などによる着手と中止の繰り返しで、その間、地権者との接触が途切れていた。用地協議は、まずは、鉄道側への不信感解消が先だった。また、高架下地権者は、改修工事完了後、また同じ高架下に戻れるのか、という不安感もあった。解決には、話し合いの積み重ねしかない。それには時間が要る。完成目標は1年延び、1991年（平成3年）春となった。

上野地下駅南端から発進して秋葉原駅地表へと掘り進む御徒町トンネルは、圧気シールドでの複線断面のトンネル掘削であった。シールド掘削機は、上野駅東駅前広場の立坑で組み立てられ発進した。だが、100mも行かぬうちに止まってしまった。トンネルの地上権（地下20m）が地主から得られなかったのである。シールド掘削機は3カ月余り立ち往生となった。地権者の無理難題に応ずるわけにも行かず、東京都収用委員会への代執行により、１９８９年（平成元年）５月２日に、シールド掘削機は当該地の下を通り抜け、御徒町駅方向へと掘り進んで行った。

翌１９９０年（平成２年）１月22日15時、御徒町駅北口の都道・春日通りのガード下で、突然、大音響とともに地下から大量の土砂が火山噴火のように噴き上げ、道路（幅16m）が大きく陥没した。噴き上げた土砂は50m四方に飛び散り、ビル５階にも達するほどのものだった。駐車中の乗用車など２台が穴に転落し、付近を走行中の車９台が土砂をかぶり、通行人ら10人が土砂や石で頭などを強く打って重軽傷を負った。事故の瞬間、幸いに交差点の信号が赤だったこともあり、死者は出なかった。一歩間違えれば大惨事となるところだった。

事故現場はちょうど東北新幹線トンネル切羽の真上にあり、事故原因はシールド掘削機の圧縮空気が地上に噴き上げたものであった。何故噴き上げたのか。その原因は、施工会社がトンネル上部の軟弱地盤を固めるための薬液注入量を大幅にごまかしたための上層地盤の強度不足であった。そこを圧縮空気が突き破り、噴き上げたのだった。道路を管理する東京都は、事故原因の究明と安全対策が確立するまで、工事の中止命令を出した。事故直後、ＪＲ東日本は「御徒町駅付近陥没事故究明検討委員会（委員長：松本嘉司東京理科大学教授)」を設け、1990(平成2年)5月、報告書を公表し、補強工事を行い、同年7月、5カ月ぶりに工事再開となった。

その後、神田高架下の移転交渉も解決し、1990年(平成2年)9月に御徒町トンネルが貫通し、用地買収、着工率ともに100%に達し、翌年、1991年(平成3年)2月9日、東京駅近くの高架橋でレールの締結式が行われ、4月からは訓練運転開始となった。

●東北新幹線東京駅開業

6月12日から3日間にわたり、東北新幹線東京~上野間建設の完成検査が、運輸省検査員によって行われた。だが、検査結果への講評は、「完成検査を実施したが、多くの欠陥があった」との言葉で始まった。軌道の規準器カバーの支障等による限界支障が3種類8カ所、防災シャッターが降下せず、2段降下の仕様が1段降下となっていたなど防災設備作動不良もあり、また、ホームと車両との離れの実測データに大きな乖離が見られた。勿論、これらの措置は、検査終了までには修正がなされたが、「大変遺憾な状態である」との指摘であった。それでも、結論としては、「検査の結果において、設備上の重大な欠陥はないものと認める」とされた。

東京駅開業にあたって、営業主体(JR東日本)の課題は、東京駅ホームの混雑回避と

並行する埼京線の戸田公園駅付近を走行する東北・上越新幹線の200系電車。1986年9月11日

建設が進む東北・上越新幹線東京駅乗入れ工事。写真は秋葉原駅構内の御徒町トンネル開口部。1989年8月11日

東京〜上野間の新幹線特急料金の設定であった。東京駅の東北・上越新幹線列車の折り返しホームは1面2線のみであった。東京駅の開業は、在来線との乗り継ぎが便利となる。それまで上野駅で新幹線を利用していた1日平均10万人のうち、約8万人の乗降客が東京駅に集中するものと予想された。帰省ラッシュ時には11万人と増加も予想され、自由席の乗客は1度、駅構内に整列してからホームへ誘導する方式や臨時列車は上野始発とするなどの手立てがなされた。

6月20日、東京〜上野間は開通し、東京駅から盛岡行き・新潟行きの列車が出て行った。開業に伴う公式イベントは、東京駅ホームでの出発式のみであり、20年かかった大型プロジェクトにしては、極めて地味で簡素なものであった。

【大宮〜盛岡間】

札幌延伸を想定して設けられた仙台総合車両基地

新幹線車両は、走行距離、日数に応じて定期検査を受けねばならない。定期検査は、48

時間以内にパンタグラフ・走行装置・ブレーキ等を目視で確認する仕業検査から始まり、次には、30日以内・３万km以内で機器の機能検査・車輪削りを行う交番検査、そして、４年または60万kmのブレーキ・モーターなどを取外し交換する重要部検査、さらには、８年ですべての機器を取外し詳細に調べる全般検査、との検査サイクルがある。

東北新幹線と上越新幹線とは、建設基準、車両性能はすべて同一規格であり、さらに本格的積雪寒冷地域を通過するなど気象条件においても共通点が多い。このため、建設当初から、両新幹線の車両は共通運用を前提としている。これらの検討経緯を踏まえ、車両基地の配置が決定され、日々の仕業検査は、田端・小山・仙台・盛岡・新潟の全基地で行うが、交番検査以上の重要部検査、全般検査はすべて仙台基地において行うこととなった。

仙台総合車両基地は、仙台駅より北東約10kmに位置し、将来の青森から札幌への延伸を想定して、利府線に沿った水田地帯に用地を確保し建設された。その総面積約53万㎡は、東海道新幹線鳥飼車両基地の約37万㎡、山陽新幹線博多総合車両基地の約42万㎡を上回るものである。

仙台総合車両基地は、国鉄時代なら北海道新幹線車両の検査・修繕をも行ったはずである。だが、東北新幹線はＪＲ東日本が、北海道新幹線はＪＲ北海道が、それぞれ運行を行う現在では、ＪＲ北海道は道内に自社の総合車両基地を設けることになる。山陽新幹線建設時、国鉄は博多総合車両基地を九州新幹線車両の検修を行う前提でつくった。だが、ＪＲ九州の新幹線車両の検査・修繕は、現在はＪＲ西日本が所有する博多総合車両基地でなく、ＪＲ九州熊本総合車両基地で行われている。

これは、車両の管理責任を果たすには自社の基地が必要との論理からである。北陸新幹線（東京〜長野〜金沢〜大阪間５９４㎞）にもある。国鉄時代の１９７３年（昭和48年）に整備計画が決定された時の計画では金沢総合車両基地のみであった。だが、長野開業時にＪＲ東日本の長野総合車両基地を作り、ＪＲ東日本保有の北陸新幹線車両の検査・修繕を行っている。長野〜金沢間の延伸開業に当たっては、当初構想通り、上越（仮称）〜金沢間を運行管理するＪＲ西日本の金沢総合車両基地を小松付近に設け、ここでＪＲ西日本保有の車両の検査・修繕を行うことになる。

これはなにも新幹線だけのことではない。都市内交通で相互直通運転を行う場合も同様である。例えば、東京メトロ南北線（赤羽岩淵〜目黒間21・３㎞）と相互直通運転を前提として建設された、第三セクター埼玉高速鉄道線（浦和美園〜赤羽岩淵間14・６㎞）は、浦和美園に総合車両基地を設け、埼玉高速鉄道所有車両の検査・修繕のすべてを行っている。

雪質の違いで採用された「貯雪式高架橋」方式の雪害対策

東北新幹線は、宮城県北部と岩手県の積雪寒冷地を通過するため、東海道新幹線関ヶ原付近での冬期の走行状態・雪害対策を参考に、10年確率の雪量でも、新幹線営業列車を利用しての自力排雪走行で正常運行し得る鉄道を目指した。

建設計画当時の平年の気象状況を見ると、東京～一ノ関間での最大積雪深さ、１日最大降雪量はともに30㎝未満、12～３月の平均気温は０度である。それより北の一ノ関～盛岡間では、最大積雪深さ及び１日最大降雪量ともに30㎝以上である上に、12～３月の平均気温は０度以下の氷点下となる。これは、一ノ関以北には、特別な雪害対策が必要なことを示している。

10年確率の最大積雪深さと１日最大降雪量は、東海道新幹線関ヶ原（近江長岡）の87㎝と44㎝／日に対し、東北新幹線では、一ノ関で30㎝と29㎝／日、北上で73㎝と54㎝／日、盛岡で59㎝と45㎝／日である。

関ヶ原の積雪値は、北上に近い。しかし、最低気温は、関ヶ原では氷点下にはなっていない。一方、岩手県内の北上、盛岡では氷点下以下、マイナス５度近くになる。このことは、関ヶ原の雪は湿っているが、一方、北上、盛岡の雪は氷結したサラサラしたものであることを示している。

東北新幹線は、積雪寒冷地を長区間にわたって走行する。そのため、国鉄は、列車の高速運転が常時可能な軌道構造、雪や寒さに十分耐えられる車両、経済的でしかも除雪を必要としない線路設備などを目標に技術開発を行ってきた。

その結果、東北新幹線仙台以北では、最低でも1時間に1本程度の列車ダイヤが想定され、1時間当たりの積雪量は数センチであることから、バラストの無いスラブ軌道上では、営業用車両が自ら高速除雪が出来ることが分かった。だが、環境対策上、高架橋の両側には防音壁を設置するために簡単に外へ排雪できない。そこで、東北新幹線の雪害対策の基本を、「耐雪・耐寒車両」による自力排雪走行とし、降雪や列車によっての排雪を高架橋内に貯めておく「貯雪式高架橋」方式とした。

貯雪式高架橋とは、軌道を締結しているスラブ版と高架橋床面との間に挟まれている路盤コンクリートの厚みを高くして上下線間に出来る大きな溝と、線路両側の保守用通路の間とを貯雪スペースとするものだ。要は、スラブ軌道下の下駄の高さでの空間確保である。この方式の採用区間は岩手県内の一ノ関から盛岡までである。実際には、10年確率の降雪実績から路盤コンクリートの高さ（厚さ）を3段階に区分し貯雪容量を設定している。具体的には、レールレベル（R・L）と高架橋床面（F・L）との高さは、一番降雪量の多い北上周辺では82㎝、一ノ関から盛岡までの大半の区間では72㎝としている。

その他地上設備でも、それぞれの雪害対策を行っている。一ノ関・北上・盛岡駅のホームには雪覆いを設け、積雪深さの大きい北上駅部のバラスト区間では散水消雪を採用し、加熱循環方式の南部基地及び地下水利用の北部基地から水を供給している。そして、駅部・車両基地の分岐器転換不良対策として電気温風式融雪装置２５４組を設置し、さらに列車からの落雪・持ち込み雪に対する温水ジェット式急速除去装置（湯温約60度）１０４組をも備えた。

車両は、東海道新幹線の経験から、車両を着雪の少ない方式とするため、各種機器を床下に吊るさず、車体の側面をレール面近くまで延ばして機器を内部に収容する、いわゆるボディーマウント方式とした。また、先頭車両の先端の排障器（スカート）には、雪かき用のスノープラウを取り付け、雪が舞い上がらぬようひさしのような形状とし、空転滑走防止、集電機能向上などの各種対策も講じた。ソフト面では、総合気象観測システムと運転規制との連動を図り、システムとしての雪害対策をも行っている。

種々の雪害対策設備の効果確認のための実車走行試験は、１９７９年（昭和54年）度に

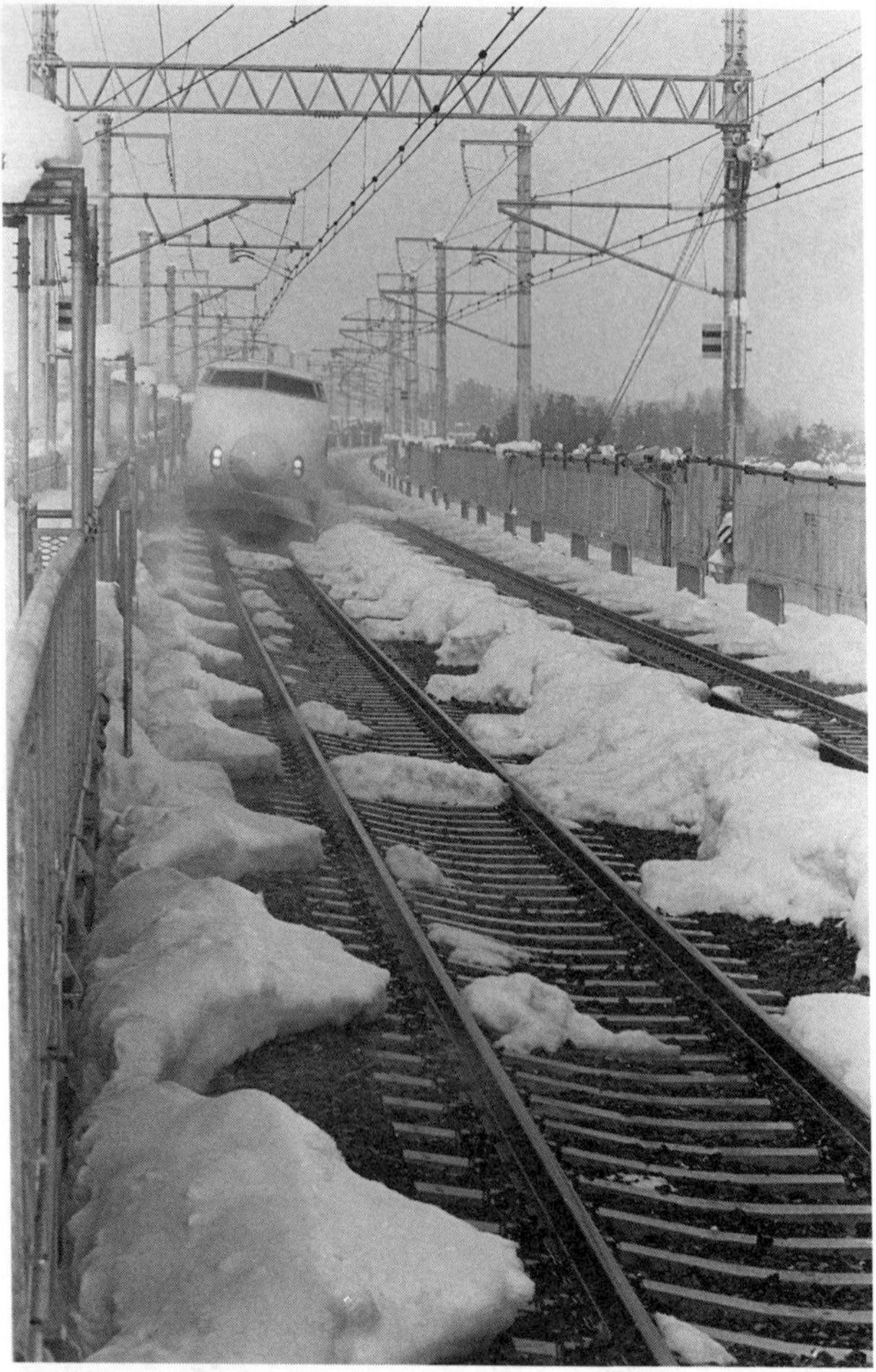

東北新幹線仙台～北上間の貯雪式高架橋区間で試験走行中の925形電気軌道総合試験車。1980年2月12日

925形試験電車を使用して仙台～北上間で行われ、翌1980年（昭和55年）度は200系営業用電車により仙台～盛岡間で行われた。試験項目は列車走行時の排雪、高架上の積雪、分岐器対策、舞い上がり雪、車両からの落雪、スノープラウによる排雪機能の確認等々であり、その効果を確認した。

そして、大宮～盛岡間暫定開業後の1984年（昭和59年）には豪雪にも遭遇したが、列車の遅れもなく、現在に至るまで、当初の目標の自力排雪走行を満足している。

拠点貨物ターミナルの新設と北上自動化操車場の廃止

1955年（昭和30年）頃以降の高度経済成長期、我が国全体の貨物輸送量は大きく伸びた。だが、鉄道貨物輸送は、量は伸びず、分担率（シェア）は低下し続けた。そして、年間輸送量そのものも、1964年（昭和39年）度の2億6600万トンをピークに下がりはじめ、1968年（昭和43年）度には1億9880万トンと2億トンを割り込んだ。

国鉄は、鉄道貨物の再生を目指した。鉄道の特性を生かすため、大量定型貨物については物資別の定点間定型輸送、及び、一般物資についてはコンテナによる拠点間フレートライナー輸送を国鉄・通運会社の協同一貫輸送体制で構築しようとした。

東北本線大宮〜盛岡間の貨物輸送設備の改善は遅れていた。東北本線の全線複線化完成が1968年（昭和43年）8月のこと。仙台の宮城野貨物駅で、隣接する私有地1万8000㎡を買収しコンテナ設備の増強を行ったのが1971年（昭和46年）、宇都宮貨物ターミナルが部分開業したのが同年12月であった。

昭和30年代後半から関東内陸部に多数の工業団地が造成され、企業の進出が相次いだ。栃木県内部の物流の中心である石橋地区に用地34万㎡を買収し、コンテナ・石油・自動車・飼料等を含む取扱規模年間300万トンの総合貨物駅（宇都宮貨物駅）を新設した。1973年（昭和48年）の開業に伴い、周辺の宇都宮・石橋等15駅の貨物集約を実施し、約150人の要員減と110億円相当の用地3万7000㎡を生み出した。荷役線は、着発線から列車単位で直接入替え出来るよう直列に配線し、積卸し場は石油・自動車・飼料等の取扱いに対応した設備を設け、構内作業、荷役作業ともに、省力型のものとした。

その頃、東北新幹線の建設が決まった。宇都宮貨物駅を手本として、盛岡・北上・福島・郡山・久喜、及び高崎線熊谷などの支障貨物駅設備の移転に合わせて、それぞれの地域の物流拠点として、新幹線建設工事の一環として、貨物ターミナルが設けられて行った。

同時に、北上操車場の支障移転を機に、東北本線内及び各支線内からの貨車を中継し貨物列車に組成していた操車場作業の近代化合理化をも図ろうとした。盛岡・北上・一ノ関・小牛田《こごた》駅の作業を廃止して、取扱い能力１７００両／日（将来計画２０００両／日）の省力化した北上自動化操車場を建設し、そこに操車作業を集約する計画であった。

国鉄の貨物列車は、操車場で、本線内各駅や支線からの貨車を、行き先別に牽引定数一杯まで組成して運行する集結列車が多かった。操車掛・連結掛が貨車に添乗し、貨車を方面別の仕訳線に入れ集結作業を行う貨車操車場は、鉄道の諸作業のうちで最も労働集約的な作業を行っていた職場であり、傷害事故が多く、受傷者救済のため、鉄道弘済会が義肢製作を行っており、十河国鉄総裁は東大医学部第一外科教授・清水健太郎を中央鉄道病院に招聘している。貨車の中継時間は長く、行き先駅の到着時間は不明であり、輸送サービスと作業環境の安全の両面から操車場の近代化は必要だった。

鉄道技術研究所は、コンピューターを駆使した自動制御技術により、操車場の自動化システムの研究を行い、１９６８年（昭和43年）には、国鉄初の郡山自動化操車場が開業していた。

自動化操車場の実用化は進み、１９７２年（昭和47年）11月の常務会にて、北上操車場の自動化システムでの建設が了承され着工、１９７８年（昭和53年）10月、北上自動化操車場は使用開始となった。自動化操車場への流れは、1974年（昭和49年）10月使用開始の全面的に作業の自動化を目指した武蔵野操車場の新設へと続き、さらには、既存の新鶴見・大宮・稲沢・吹田などの大操車場においても、さまざまな角度から自動化が検討された。

しかし、国鉄貨物輸送は長期低落傾向が続いていた。1970年（昭和45年）、当時の貨物経営改善委員会が予測した年間輸送量と実績値との乖離は拡がるばかり。1972年（昭和47年）度は予測値2億4800万トンに対し実績値は1億8240万トン、1978年（昭和53年）度は予測3億1600万トンに対し実績1億3300万トンであり、1986年（昭和61年）度の実績値は6160万トンにまで落ち込んでいる。そして、国鉄改革の議論の場では、「国鉄貨物安楽死論」まで出る事態となっていた。

1982年（昭和57年）7月、政府の第二次臨時行政調査会（土光敏夫会長）は、基本答申の中で、「国鉄が緊急にとるべき措置として、貨物営業は、鉄道特性を発揮できる拠点間直行輸送を中心とし、業務の在り方を抜本的に再検討し、固有経費における収支の均衡を図る」とした。

国鉄は、この基本答申を受けて、貨物輸送は、1985年（昭和60年）度までに収支均衡を目指すこととした。この方針は、明治以来続いて来た操車場経由の集結輸送体系を全廃し、全ての鉄道貨物輸送を直行輸送体系に転換するという宣言であった。

当時、集結輸送体系の年間取扱いトン数は、貨物全体輸送トン数の49％を占め、収入当たりの人件費率は直行系輸送体系の61％に対し集結系は１３５％であり、収支係数も直行系85に対し集結系２００であった。集結系輸送が国鉄貨物輸送悪化の大きな要因であることは明らかであった。貨物営業方針の具体的施策は、操車場を廃止し、貨物駅配置を拠点貨物駅約90駅、その他の貨物駅３６０駅、計４５０駅とするものだった。

国鉄最後の時刻改正となった１９８６年（昭和61年）11月の時刻改正で、すべての操車場が廃止された。北上操車場も廃止され、軌道は撤去され更地となった。跡地は、国鉄清算事業団により売却された。北上操車場跡地は、近くの藤原三代、衣川の遺跡のように、兵どもが夢の跡となった。だが、盛岡・福島・郡山・新久喜（鷲宮）の拠点貨物駅は、国鉄からＪＲ貨物となっても、引き続き拠点間直行輸送のターミナルとして役立っている。

【盛岡～新青森間】

本題に入る前に、まずは整備新幹線について、その概要を記しておきたい。

●スーパー特急・ミニ新幹線構想（運輸省暫定整備案）

１９８８年（昭和63年）度予算編成作業中に、大蔵省主計官が「これを認めれば、昭和の三大馬鹿査定と同じ」と発言。航空機時代を見通せなかった「戦艦大和・武蔵の建造」、台風災害防止大堤防の外での「伊勢湾干拓事業」、自動車時代の「青函トンネル」の３つを例示して、整備新幹線建設を批判した。財政当局の壁は高く、並行在来線の廃止も難しい状況だった。

１９８８年（昭和63年）８月、運輸省は、整備新幹線計画の膠着状況を打開すべく、暫定整備案の提案を行った。それまでのフル規格の新幹線建設一本槍から転換し、ある程度の速達効果が得られ、建設費は大幅に減少する、在来線の改軌と既設新幹線とを組み合わせた高速鉄道ネットワーク構想だった。ひとつは在来線を標準軌に改軌し、新幹線電車を在来線に乗り入れる新幹線鉄道直通方式（ミニ新幹線）、ひとつは、将来新幹線が高速走行できる仕様で構造物を作るが、とりあえずは狭軌の軌道を敷設し、高速の在来線電車を走行させる新幹線鉄道規格新線方式（スーパー特急）である。

　運輸省暫定整備案は、「うなぎ（フル規格新幹線）を注文したら、どじょう（ミニ新幹線・スーパー特急）が出てきた」と批判されもしたが、1988年（昭和63年）8月31日の政府・与党申し合わせにより、3路線5区間について、着工優先順位及び整備内容が決められた。

「着工優先順位」（政府与党申合せ）

順位	路線　（区間）	内容
①-(1)	北陸新幹線（高崎～軽井沢間）	標準軌道線路（フル）
	（軽井沢～長野間）	新幹線鉄道直通線（ミニ）
-(2)	北陸新幹線（高岡～金沢間）	新幹線鉄道規格新線（スーパー）
②	東北新幹線（盛岡～沼宮内《ぬまくない》間）	新幹線鉄道直通線（ミニ）
	（沼宮内～八戸間）	標準軌道新線（フル）
	（八戸～青森間）	新幹線鉄道直通線（ミニ）
③	九州新幹線（八代～西鹿児島間）	新幹線鉄道規格新線（スーパー）
④	北陸新幹線（糸魚川～魚津間）	新幹線鉄道規格新線（スーパー）

1989年（平成元年）度より着工が認められたのは、フル規格は北陸新幹線高崎～軽井沢間のみ、難工事部分として、北陸新幹線（高岡～金沢間）加越トンネル、東北新幹線岩手トンネル、九州新幹線第三紫尾山トンネルだった。ミニ新幹線対象区間では、あくまでフル規格新幹線実現への願望が強く、どの線区でも在来線改良工事にとりかかることは全くなかった。

●全路線フル規格化へ

1991年（平成3年）、JR本州3社は、新幹線保有機構からリース契約をしていた東海道・山陽、東北・上越新幹線の施設を買い取った。「貸付（リース）期間30年過ぎに施設を各社に譲渡する」と保有機構法にはあるが、譲渡が有償か無償かは触れられていないこと、リースでは自社の資産でないため減価償却費が計上できず修繕費を利益から支払わねばならないこと、及び、株式上場の前提条件として会社の資産内容の明確化、などへの対応だった。JR本州3社と運輸省との協議の結果、譲渡価格総額は、JR発足時の評価額に用地値上がり分として約1・1兆円上乗せされ9兆1275億円となった。運輸省は、その上乗せ分の約1・1兆円等で鉄道整備基金をつくり、毎年700億円程度を新幹線建設費に充当することとした。

国の公共事業費からの充当額も、1989年（平成元年）度60億円が、1991年（平成3年）度128億円、1997年（平成9年）度340億円へと、年々増加してきた。そのうえ、政府与党は、1997年（平成9年）5月に、全国新幹線整備法第13条（建設費用の負担）を、「国及び当該新幹線が存する都道府県が負担出来る」から「負担する」と改正、国及び都道府県に負担を義務付けるとともに、都道府県負担分に対し、所要の地方交付税措置を講ずることとした。

これら建設財源の見通しの下、1996年（平成8年）12月に政府与党は新しい建設スキームを申し合わせ、東北新幹線盛岡〜新青森間と北陸新幹線長野〜上越間をフル規格化した。

引き続き、2000年（平成12年）12月に九州新幹線博多〜鹿児島間全線がフル規格化、2004年（平成16年）12月には北陸新幹線長野〜白山車両基地間が全線フル規格化となった。

その結果、東北新幹線盛岡〜新青森間が2010年（平成22年）12月に、九州新幹線博多〜鹿児島中央間が2011年（平成23年）3月に開業、北陸新幹線長野〜白山車両基地間が2015年（平成27年）3月に、北海道新幹線新青森〜新函館北斗間が2016年

（平成28年）3月に、それぞれ開業となった。

●未着工3区間の着工

新青森〜新函館北斗間、長野〜金沢間、博多〜鹿児島中央間の開業が見えてくると、それまで工事実施計画が申請されながら未認可の、北海道（新函館北斗〜札幌）、北陸（金沢〜敦賀）、九州（諫早《いさはや》〜長崎）3区間の認可が求められるようになった。

2009年（平成21年）8月の衆議院総選挙で、民主党が308議席を獲得し政権交代となった。「コンクリートから人へ」との民主党政権、当時の前原誠司国土交通大臣は、会見で、「新幹線の需要予測は厳格化する」と発言。一部新幹線で開業後の利用者数が事前の予測に届かなかった前例があることを取り上げ、計画をいったん白紙に戻して需要予測の見極めを厳格化する考えを示した。国土交通省は、未着工区間の着工条件を、①安定的財源の確保、②収支採算性、③投資効果、④営業主体としてのJRの同意、⑤並行在来線の経営分離についての沿線自治体の同意の5項目とし、国土交通大臣以下政務三役による整備新幹線検討会で確認作業に入った。

2011年（平成23年）1月に、民主党政権による事業仕訳で取り上げられた、鉄道・運輸機構の利益剰余金1兆4000億円の扱いが決着し、1兆2000億円を国庫納付する一方で、残金のうち８５００億円が鉄道輸送力増強に使われることになった。その一部を活用し、北陸新幹線（高崎〜長野間）建設時の借入金（財政投融資）を一括返済することとなった。その結果、借入金返済にあてていた新幹線貸付料収入を未着工区間の建設費に充当出来ることとなった。

２０１０年（平成22年）12月に東北新幹線（八戸〜新青森間）が、２０１１年（平成23年）３月に九州新幹線（博多〜新八代）がそれぞれ開業し、貸付料収入が増加した。

交通政策審議会整備新幹線小委員会は、「未着工３区間の費用便益比（Ｂ／Ｃ）は１・１程度、幹線交通ネットワークにおける耐久性・信頼性向上への寄与などから、投資効果の判定は妥当」と判断し、２０１２年（平成24年）６月、民主党政権（野田佳彦首相）時、国土交通省は、必要５条件が整ったことを確認し、整備新幹線未着工３区間の工事実施計画を認可した。

２０１２年（平成24年）12月、第46回衆議院総選挙で自由民主党は２９４議席を獲得し、再び自民・公明両党の連立政権（安倍晋三首相）となった。２０１７年（平成29年）３月、与党整備新幹線建設プロジェクトチームは、整備新幹線５路線全線区のなかで、最後の未着工区間となっていた、北陸新幹線（敦賀〜大阪間）のルートを、敦賀から小浜・

京都を経て、東海道新幹線の南側を回り新大阪に至る「南回りルート」を正式決定した。これで、整備5新幹線、1973年（昭和48年）11月の整備計画決定から44年目にして全線のルートが確定した。

東北新幹線（東京～青森間）の基本計画が告示された後、国鉄は、盛岡～青森間のルートについて検討し、その調査報告書を提出した。報告書では、盛岡市からほぼ東北本線沿いに八戸市付近を経由して青森市に至る八戸ルートと、盛岡市からほぼ花輪線及び奥羽本線沿いに大館市及び弘前市付近を経由して青森市に至る大館～弘前ルートについて、距離・所要時分・地質・雪害・工事費・沿線人口及び産業活動等の規模などについて比較し、沿線の規模及び発展性に勝っている八戸ルートを選定している。そこで、1973年（昭和48年）11月に、東北新幹線盛岡市～青森市間の主要な経過地を八戸市付近とする整備計画が決定された。東北新幹線東京～青森間（約675km）が全線開業したのは、それから38年目、2010年（平成22年）12月だった。

一方、東北縦貫自動車道は、盛岡～大館～弘前～青森のルートを選択し、1987年（昭和62年）9月に川口IC～青森IC間全線（約680km）が開通し、1989年（平成元年）9月には、安代JCTから八戸へ分岐の八戸自動車道（約44km）が開通している。

八甲田トンネルと三内丸山遺跡を避けた新青森駅に至るルート

東北新幹線ルートは、七戸十和田駅を出て北西に向かい、奥羽種畜牧場の北側を通過し、旧天間林《てんまばやし》村・底田付近から八甲田山北部の山岳地帯に入る。ここを延長2万6455mの八甲田トンネルで抜け、三内丸山遺跡の脇を通り、新青森駅に至る。八甲田トンネルから新青森駅に至るルートは、市街密集地域及び三内丸山遺跡を避けるため、山寄りに平野部を外回りする形で計画した。

八甲田トンネルは、旧鉱山の分布地域に位置している。日本各地に分布する鉱山及び鉱山跡地では、坑道からの地下水や掘削残土処分地からの浸出水が強酸性を示し、重金属を多く含むことから、それらが流入する周辺の河川水などの汚染が社会問題となっている。これらの問題は、掘削残土に含まれる黄鉄鉱などの硫化鉱物が酸素を含んだ降水や地下水と接触し、酸化・分解することに起因すると考えられている。八甲田トンネル周辺には鉱脈型鉱床が分布し、鉱化変質岩が広範囲に分布していた。鉱化変質岩中の黄鉄鉱は、地下水や空気中の酸素と反応し酸性水を溶出する恐れがあった。そこで、周辺環境への影響を考慮して、トンネル排水や土捨場浸出水の水質モニタリングを行うとともに、トンネル掘削切羽の岩石試料を用いて、環境基準値より酸性になる水やアルカリ性になる水を形成する岩石を「管理ズリ」として、「一般管理ズリ」とは区分し、水に触れないよう二重シートを敷いた土捨場に処分していた。

トンネルの工期は、当初想定では10年と目されていたが、6工区全線にわたり先進水平ボーリングを実施することで、前方の地質・地下水の状態を把握するとともに、鉱化変質岩の早期判別・分別手法の確立により、断層破砕帯や突発湧水などに悩まされながらも、2005年（平成17年）2月に6年7カ月で早期貫通することができた。掘削工事完了後の検証では、管理ズリの岩石判別は概ね妥当であり、管理型土捨場に処分すべき残土を的確に処理できた、と判断された。管理型土捨場の浸出水においても、pHの低下や金属元素の排水基準以上の濃集は認められなかった。

七戸十和田を境に異なる雪害対策

八甲田トンネル入口付近から青森市内にかけては、10年確率最大積雪量が2m以上に達し、寒候期の平均気温が0度未満であり、最低気温が氷点下20度近くにも及ぶ区間もある寒冷・積雪地である。そのため、温暖・積雪地である上越新幹線のシステムを更に発展させた散水消雪システムを設けることとした。

散水量は、低温多雪地帯に対応するため、１㎡当たり上越新幹線０・７ℓ／分から、東北新幹線七戸十和田～新青森間では、時間降水量60㎜に相当する散水量１・０ℓ／分にさせている。その設計散水温度は10・６度から11・８度であるが、散水温度は、７消雪基地毎に気温・風速・降雪強度に応じて５分毎の自動設定である。スプリンクラー間隔は６ｍ（上り線と下り線の千鳥配置）。消雪装置の運転方式は、７基地のうち６基地は、河川から取水し高架橋に散水した水を循環使用する加熱循環方式で、１基地は通年温度が15度で一定の八甲田トンネル湧水を活用した非循環式である。なお、八戸～七戸十和田間は、比較的積雪量が少ないため、盛岡～八戸間と同じ貯雪方式（貯雪可能積雪深さ１ｍ20㎝）としている。

分割民営で一気に実現へと動いたミニ新幹線（山形新幹線・秋田新幹線）

１９９２年（平成４年）７月１日の早朝６時、山形駅の新設ホーム、山形新幹線福島～山形間の開業式。雨が少し降っていたが、式の途中から晴れてきた。来賓席の最前列には、山形県選出の国会議員が座っている。どうしても、真ん中の一人に目が行く。自民党の鹿《か》野《のう》道彦代議士である。開業式は進み、東京行きの一番電車、400系「つばさ」が、右手を高く掲げた谷津厚生山形駅長の「出発進行!」の合図で発車して行った。

開業式の6年前の1986年(昭和61年)1月、自民党交通部会長を務める鹿野議員より、第47回国民体育大会「べにばな国体」に合わせ、奥羽本線福島〜山形間の在来線軌道を標準軌道に改軌して、「山形〜東京間を新幹線車両で乗換えなしの直通運転を!」との提案がなされていた。

その年の夏のある日、私は鹿野部会長に呼ばれ、急遽、上司の運輸省国有鉄道部長とともに、衆議院内の与党控室へと参上した。開口一番、「東北新幹線の山形への直通運転計画、運輸省はやる気がないのですか!　与党も山形県も、これほどお願いしているのに!」とのお叱りだった。国有鉄道部の技術担当課としては、なかなか進展しない先行計画である整備新幹線、盛岡からの東北新幹線、高崎からの北陸新幹線、博多からの九州新幹線との兼ね合いを考え、山形新幹線構想を、その次のものとして慎重に扱った。それが逆鱗に触れたのであった。

この時期、政府与党整備新幹線財源問題検討委員会のワーキンググループ事務局で、軌間拡幅等による在来線改良（ミニ新幹線）が議論されはじめていたこと、伊能忠敏・金沢工科大学教授（元国鉄理事）が、土木学会誌に新幹線・在来線共用可能（ミニ新幹線）となる「4線軌道構想」を提案されたこと、伊能論文を読まれた住田正二・運輸経済センター理事長（国鉄再建監理委員会委員、後にJR東日本社長）が、越後湯沢から直江津へ在来線（北越北線）を活用してのミニ新幹線計画と北陸新幹線の長野から延伸とを比較検討しておられたことなどから、新幹線・在来線直通構想を検討しようとの素地が出来上がりつつあった。住田理事長は、「整備新幹線の建設と在来線改良方式の決定的な差異は、前者が並行在来線に致命的な打撃を与えるのに対し、後者が在来線の競争力を強化し収益面でプラスとなることである」と結論づけていた。

山形新幹線構想は、国鉄分割民営化後、JR東日本の経営判断により一気に実現へと動いた。当時、その推進力となった山之内秀一郎（JR東日本会長）は、次のように述べている。

「1981年（昭和56年）に誕生したフランス・パリ～リヨン間のTGVが日本の新幹線と違う点のひとつは、終着駅のリヨンから在来線に乗り入れてグルノーブル、ジュネーブなどに直通していること、これは地方都市に行く人にとって便利になる。日本でもこれが出来ないだろうか、ということがミニ新幹線を考えた背景のひとつ。もうひとつは、新幹線を作るには、基本計画、整備計画、工事実施計画と、きちんと手順を踏んで行かねばならない。そうなると、すでに整備計画が認められている区間を出し抜いて、他の区間に新幹線を作ることは政治的に不可能である。

在来線を狭軌から標準軌に変えるミニ新幹線は、工事費が安くすむこと。途中の多くの町に停車することができ、並行在来線の廃止問題がないこと。一方、在来線の車両は使えなくなるので、ローカル列車を含めた全車両が新車に変わる。沿線の主要駅も全て新しい駅舎に変わる。ミニ新幹線は単なる新幹線の直通運転だけじゃなく、その路線の完全リニューアルなのである。乗換なしで往き来できることとともに、常に、東京駅のコンコースやホーム、さらには時刻表にも『山形行』と表示されることの効果は大きい」

JR東日本と山形県が共同事業として、1988年（昭和63年）から工事にとりかかった。

工期は、べにばな国体開催の1992年（平成4年）秋までの4年。現場は、日々列車（奥羽本線）を運行しながらの改良工事、福島〜米沢間の板谷峠は冬季の積雪2mを越す名だたる豪雪地帯であり、正味工期は3年であった。工事は概ね順調に進んだが、それでもその間、山形駅構内の信号設備切り替えミスで1日中列車全面ストップ、車両走行テストでも、福島駅では新幹線車両の分割併合作業のトラブルが続いた。現場は、開業へ向けて一直線、そして、7月1日朝の開業だった。山形新幹線開業と山形国体開催を機に、「紅花の山形路」の観光キャンペーンも始まった。山形市街の大通り、花屋さんの店先には、濃い緑の葉に橙色に輝く花が明るく映える紅花の花の束が、競って咲き誇っていた。

開業の日から、山形新幹線は、踏切支障、取扱ミス、車両機器の不具合などにより運行トラブルが続出し、全国紙の紙面を連日賑わした。幸いなことに、たまたま、7月25日からスペインのバルセロナで夏季オリンピックが始まり、世間の関心や新聞報道はオリンピックに移って行った。そして、オリンピックが終わる頃には、山形新幹線の初期トラブルもすっかり収束し、乗換なしで東京都心と山形県を直接結ぶ利便性が高く評価され、利用客は連日3割増しに増加し、たちまちのうちに羽田〜山形間の航空便を圧倒してしまった。

その年の10月4日、べにばな国体の開会式。前日の12時17分、天皇・皇后両陛下は山形新幹線にて、無事ほぼ定刻通り、山形駅にご到着。これで、山形新幹線が世間から認知された。

今や、山形駅から北へと新庄駅まで延伸され、開業20周年を迎え、すでに初代運行車両の400系は2代目のE3系へと取り替えられて、東京から山形まで最速2時間26分、新庄まで同3時間11分で結んでいる。

山形新幹線開業直後から、JR東日本は、新幹線盛岡駅から在来線の田沢湖線〜奥羽本線に乗り入れる新在直通「秋田新幹線」の工事に着手した。田沢湖線盛岡〜大曲間、及び奥羽本線大曲〜秋田間を標準軌化するとともに、秋田駅ビルの整備、田沢湖駅の建て替え、角館駅前にプチホテルの建設なども行い、新形式高速電車E3系の投入などによる沿線の全面的なリニューアルを進めた。

秋田新幹線は、1997年（平成9年）3月22日に開業した。東京〜秋田間に「こまち」がE3系5両編成で運行開始し、東北新幹線内は200系やE2系と併結した。翌年には、「こまち」全列車を6両編成に増結し、東北新幹線内の併結車両をE2系に統一後は全列車最高速度275km／h運転となった。秋田開業から20年、2014年（平成29年）3月には、秋田新幹線用電車すべてをE6系に置き換え、東北新幹線区間の最高速度を宇都宮駅〜盛岡駅間で320km／hへ引き上げ、東京〜秋田間は目標だった4時間を切り、最速列車で3時間37分となった。

貨物列車の新幹線鉄道上での走行問題

東北新幹線盛岡～八戸間が開業すると、並行在来線である東北本線盛岡～八戸間の経営主体がＪＲ東日本から岩手県と青森県の沿線自治体などが出資の第三セクター会社へと移管されることになる。この場合、それまでの鉄道貨物輸送を新幹線開業後どう扱うか、という問題が生じる。

貨物列車を新幹線の線路上を走らせるのか、もしくは、第三セクターの線路を走らせるのか、ということだ。この件に関し、１９９６年（平成８年）12月25日の政府与党合意では「鉄道貨物輸送については、並行在来線のＪＲから経営分離後も適切な輸送経路及び線路使用料を確保することとし、新幹線鉄道上を含め、関係者間で調整を図る」とされた。

新幹線鉄道上での鉄道貨物輸送については、再三にわたり、旅客鉄道４社（北海道・東日本・西日本・九州）より、「青函トンネルを除いては、安全に関する諸条件が完全に解決されない限り、貨物列車の新線３線軌条走行方式は貨物ルートの確保方策として、絶対に採るべきでない」との申し入れがなされていた。

貨物列車の脱線、コンテナ落下・開扉等により万が一事故が発生すれば、その悲惨さは在来線とは比較にならない。海外の鉄道でも相対速度４００㎞／ｈ（２６０㎞／ｈ＋

１４０㎞／ｈ）レベルでの客貨の高速すれ違いは皆無であり、未知の事柄が多い。安全の確保以外にも、列車ダイヤの制約（高速列車と低速列車の混在・新幹線最高速度の制約）、保守管理及び環境問題（貨物列車の夜間走行に伴う保守間合いの確保や騒音振動）、さらにコスト面でも、地上追加設備の必要（第三軌条・在来線との接続設備・貨物列車の退避設備及び信号設備等）、車両関係の追加投資の必要（新幹線走行用機関車・貨車、車両の保守設備）、維持管理に要する費用の増加（貨物列車走行に係る追加保守設備保守経費の増加）などの問題があり、その解決が必要となる。

結局、１９９９年（平成11年）６月、運輸省、青森県、岩手県、ＪＲ東日本及びＪＲ貨物の間で協議を行った結果、貨物列車は、盛岡〜八戸間の新幹線鉄道上を走行しないこととなり、貨物列車は、ＪＲ旅客会社から経営分離された並行在来線を走行することになる。この場合、ＪＲ貨物の線路使用料は従来の追加費用のみから、線路使用実態に応じた費用へと増加する。一方、ＪＲ貨物にとって、整備新幹線開業はなんら受益がない。国は、貨物列車の安定的走行を確保するため、２００２年（平成14年）10月に鉄道貨物調整金制度を創設し増加額を補填している。なお、２０１５年（平成27年）度交付額は１１２億円である。

上越新幹線の開業式。1982年11月15日。新潟駅

第4章　上越新幹線

トンネル三兄弟の大清水トンネル、貫通後の火災事故

1922年（大正11年）に清水トンネル（単線・9702m）が着工となり、1931年（昭和6年）9月、上野〜新潟間の全線が開業した。10年近くの工期を要したが、丹那トンネルのような悪戦苦闘の記録はない。最初の清水トンネルのルートは、越後湯沢方・水上方とも、両側からループ状に上りきれるだけ上って高度を上げ、清水峠直下、土合《どあい》〜土樽間のトンネル長さを出来るだけ短縮しようとしている。清水トンネルの前後、水上〜石打間は、1931年（昭和6年）の開業以来、直流電化されて電気機関車牽引だった。蒸気機関車の機関士・機関助士の、長大トンネルにおける、煤煙による窒息事故の防止策であった。

上越線の複線化のために、新清水トンネル（単線・1万3490m）が着工となった。群馬側の湯檜曽《ゆびそ》駅から入り、トンネル内の土合駅を通り、土樽駅手前で地上に出る。緩やかな勾配とするためトンネル延長は長くなった。1963年（昭和38年）9月に着工し、湯檜曽駅付近掘削中に温泉湧出に遭遇したものの、1967年（昭和42年）3月完成と、清水トンネルの約半分の工期5年で出来上がった。現在、清水トンネルは上り線専用、新清水トンネルは下り線専用で使われている。

谷川連峰を貫き越後湯沢に行く上越新幹線ルート案は、谷川岳の東側を巻く上越線沿いのA案（2万4560m）と、谷川岳西側を貫き直行するB案（2万2280m）とがあった。いずれにしても、調査の結果、地質は両案とも類似していたが、B案では、トンネルの土被りが小さく、毎分湧水量も工事中84㎥・恒常69㎥と、A案の工事中113㎥・79㎥に比べ少ないと予測された。工区が9工区に細分出来るA案は工期40カ月と、B案の7工区50カ月に比べ短いが、B案では本坑と斜坑の延長が短いため、B案の工事費はA案の260億円より少ない230億円と推計された。これらの状況から、水上付近から越後湯沢へ長大トンネル1本で直行するB案を大清水トンネルのルートとした。

1971年（昭和46年）12月に着工し、工事は遅れたが、1979年（昭和54年）1月には全工区の貫通式が終わり、同年9月の完成を目指すところまで来た。貫通式から2カ月後の1979年（昭和54年）3月20日21時30分頃、水上方の坑口から2番目の工区、保登野沢工区（5380m）の群馬県・新潟県の境界近くで、「大清水トンネル火災事故」が起きた。

トンネル断面の掘削が完了し不要となった、全断面掘削用の削岩機を据付け掘進する鋼製ジャンボドリル台の解体作業中に火災が発生し、当日坑内で作業していた54人のうちの

14人と火災発生後に空気呼吸器を着装して入坑した2人の計16人が、煙にまかれ一酸化中毒で死亡した。

上段デッキで鋼製部材溶断中、火花が中段デッキの堆積付着していた油圧オイル等がしみ込んだオガ屑等に着火し燃え上がり、備え付けの消火器3台で消化を試みたが、消火器の薬剤が放出されず、また、トンネル貫通に伴う新潟方から吹いていた風にあおられ大きく燃え広がった。

発火場所の解体作業箇所から水上方約250m離れたコンクリート打設作業現場で多くの被害者が出た。トンネル貫通後の整理段階でのかかる事故の発生は、前代未聞のことであった。

直線ルートの採用で幻で終わった渋川駅ルート案

『上越新幹線工事誌』（日本鉄道建設公団東京新幹線建設局）に、高崎～越後湯沢間のルート選定について、「高崎から大清水トンネルの坑口を最短ルートで結び、高崎～越後湯沢間の駅間距離、ならびに長大トンネル連続による運転整理等を勘案して、月夜野町に駅（上毛高原駅）を設置することとした」との記述がある。

しかし、当時、日本鉄道建設公団新幹線部長だった大平拓也の回想によれば、このルートは、国鉄及び日本鉄道建設公団の実務者どうしの打ち合わせ段階では、本命ルートではなかった。在来線の上越線ルートは、渋川駅を出て利根川を渡ると、利根川左岸（東側）沿いにほとんど明かり区間で、沼田、後閑《ごかん》を経て水上へと行く。上越新幹線ルートとしては、高崎駅から渋川駅を結び、渋川駅からは、利根川を渡り、利根川左岸沿いにほとんど明かり区間で、沼田、後閑に行き、再び利根川を渡り、水上駅西約５００ｍに位置する、大清水トンネル坑口への「渋川駅ルート案」を、専ら検討していた、とのことである。

建設担当の日本鉄道建設公団と運行を担う国鉄、両トップの席に、双方の事務方は打ち合わせのうえ、渋川駅ルート案を用意していた。だが、その場の結論は、大清水トンネル坑口と高崎駅とを直線で結ぶルートとなった。

渋川、水上２駅設置の案に、磯崎叡・国鉄総裁が、東北新幹線で要望を受けている水沢駅、花巻駅などの中間駅設置に消極的であったこと、及び、篠原武司・日本鉄道建設公団総裁が、直線最短ルートへの思いが強かった。両トップは、直ちに、直線ルート案で地元を説得し了解を取り付けようと動いた。地元有力者も、ここに駅を作れとは言えず、中間駅をひとつ、駅名は「上毛高原」という以外、何の注文も付かなかった。事務方から見れば、どちらかと言えばダミーであり、調査不十分であった上毛高原ルート案が、一転、決定ルートとなってしまった。

歴史に、もしも、はない。だが、筆者の私見ではあるが、高崎大都市圏の視点に立って、当時、直線ルートにこだわらず、駅間距離にこだわらず、吾妻線との分岐駅でもある渋川駅を経由して大清水トンネルへ至るルートを選択していたら、渋川市周辺は、今よりも、もっと大きな街となっていた、と思う。そして、次に記した、中山トンネルの難工事もなかったであろう。

なお、高崎駅と大清水トンネル坑口を直線で結ぶ中間、上越線後閑駅から西側2・4㎞、利根川の対岸の山麓に設けられた、上毛高原駅の1日あたり平均乗車客数は、上越新幹線開業後32年目の2014年（平成26年）で816人である。

工事中の2度の水没でルートが変更された中山トンネル

高崎駅と大清水トンネル坑口とを結ぶ新幹線ルートは、在来上越線ルートとは西側に大きく離れた山地を、榛名トンネル（1万5300ｍ）、中山トンネル（1万4857ｍ）、月夜野トンネル（7295ｍ）と、連続する長大トンネルで抜くものであった。高崎駅

（標高１０７ｍ）から大清水トンネルの上越国境（標高５３９ｍ）までの延長58・３㎞を、平均勾配７・４‰、最急勾配でも12・０‰と、なだらかな上り坂となっている。かようにトンネル勾配を上げないルート選定では、山裾の滞水層を抜くこととなり、トンネル掘削中に大量の被圧湧水に遭遇することがある。

結果論ではあるが、このことが大きな要因となり、中山トンネル工事が難航し、全ての土木工事が完了するまで約10年の歳月を要することとなった。中山トンネルは標高４００～７００ｍの山並みの下、標高２５０～４５０ｍの地層を貫くトンネルである。

中山トンネルは、上越新幹線の他の工事に先駆けて１９７２年（昭和47年）２月、着工した。長大トンネルの掘削にあたっては、トンネル両端の出入口からの掘進だけでなく、中間工区では、地表から新幹線ルートの標高まで作業坑を掘り下げ、その坑底から本坑を掘り進むことになる。中山トンネルの中間工区である高崎方から四方木《しほうぎ》・高山・中山の３工区では、本坑掘進には地形・道路の関係から、新幹線の標高位置までの深さ３５０ｍ級の立坑を掘る必要があった。

高崎方坑口から約５㎞地点の四方木工区立坑は、最も深い３７２ｍであった。立坑掘削は、第四紀の高圧多量湧水を伴う未固結の凝灰角礫岩類に遭遇難航し、薬液注入工法で止水しながら、本坑位置（標高）に到達までに1976年（昭和51年）8月まで約5年を費やした。坑底到達後は、トンネル本坑の掘削にかかったが、相変わらず岩質不良と湧水のなか、薬液注入・迂回坑を施工しながら掘り進んだ。しかし、1979年（昭和54年）3月18日、四方木立坑近く（大宮起点107km086m付近）の注入基地より、掘削後約30日経過していたにも係わらず、突然湧水が増加し、立坑を含む坑道全域が水没するという毎分80㎥の異常出水事故に遭遇した。坑内の作業員は命からがら立坑より脱出した。このため、出水箇所直上の地表から坑道閉塞及び周辺注入を行い、慎重に土砂、注入物の撤去を進め、その復旧には約10カ月を要することとなった。

隣の高山工区の立坑工事も難航し、ディープウェルや薬液注入工法を併用して、約4年を要して坑底に到達した。坑底到達後は、安山岩層に恵まれ、大宮方、新潟方ともに順調に掘進することができた。しかし、四方木工区の水没事故復旧から間のない1980年（昭和55年）3月9日、今度は、高山工区が水没した。トンネル本坑の掘削が、大宮起点108km125mの地点で、3月8日、毎分約40㎥の異常出水が生じ、翌日には二次崩壊で毎分約110㎥に増水し、隣接する四方木工区を含む全域が水没した。その後は、四方木工区の場合と同様、地表からのモルタル及び水ガラス系（ＬＷ）の薬液注入を行い、復旧に約8カ月を要することとなった。

異常出水がおきた区間（大宮起点106km400m～107km300m間）は、高圧（20kgf／cm²）多量の湧水を伴う未固結な地層の中にあることが判明した。一方、迂回坑の掘削及び迂回坑からの地質調査ボーリングの結果、トンネル内線路中心より右側（東側）には、良好な硬岩である閃緑玢岩層が存在していることも分かった。本線に分布する未固結層を掘削するには、迂回坑から本坑注入箇所の増設により対処可能とも考えられた。しかし、四方木工区での異常出水時の危険回避、工期の短縮、高価な注入費の削減などを考慮すると、判明した右側（東側）の良好な地質の中に本線位置を変更することが適策と考えられた。

四方木工区の異常出水を受けて、大宮起点106km600mの地点で、地質横断面の状況と最高速度260km／hの新幹線鉄道構造規則に触れない前提で、線路中心を東側に70mシフトする第一次変更ルート案を作成した。この変更工事に着手してまもなく、高山工区での異常出水・水没事故がおきた。このような事態となっては、全体工期を制するのは出水防止の注入工事であり、工程確保の観点からは、注入区間を可能な限り少なくすることが求められた。

改めて、ルート変更案を検討し直した結果、第二次ルート変更案として、トンネル内線路中心を東側に最大162mシフトすることとなった。この場合、すでに施工を完了している区間への取り付けの関係から設計速度260km／hに対応する線路最小半径4000mに対処できないことが明らかになった。種々検討の結果、この区間の設計速度を160km／hとし、曲線半径を1500mとすることとした。

作業坑掘削、本坑復旧と工事再開に多大な時間と労力を要して、中山トンネルの工事は、1982年（昭和57年）3月完了した。1972年（昭和47年）2月の工事着工以来10年目のことであった。中山トンネル工事の難航により、上越新幹線大宮～新潟間の開業は、東北新幹線大宮～盛岡間開業の1982年（昭和57年）6月に間に合わず、5カ月遅れの同年11月15日となった。

上越新幹線建設の総工事費は、1971年（昭和46年）10月に認可された当初予定額の4800億円から、工事完了時の1983年（昭和58年）3月の認可額では1兆6860億円となっており、東北新幹線（東京～盛岡間）建設費と同様に、当初予定額の約3倍となった。増額1兆2060億円のうち約50％が物騰分（6068億円）で、トンネル・高架橋・駅・雪対策等の主体工事の増額分が約40％近く（4527億円）を占めている。

なお、関越自動車道（練馬ＩＣ〜長岡ＩＣ）が、上越新幹線開業３年後の１９８５年（昭和60年）10月に全通となった。ルートは、渋川から上越線や利根川の東側の赤城山麓の丘陵地を経て水上駅手前で上越線を越え、トンネルを貫き、土樽駅付近から魚野川の右岸沿いとなっている。

５６豪雪の教訓から生まれた「克雪」の散水消雪

「克雪」。このことが上越新幹線建設に際し、最大の課題であった。

上越新幹線開業前年の１９８１年（昭和56年）１月の降雪は、１９６３年（昭和38年）１月の「３８豪雪」以来の豪雪となった。上越線小出駅西方の山あいの村では、大規模な雪崩による家屋倒壊・住民死亡事故が相次いだ。旧守門《すもん》村大倉地区（１月７日・死者８人）、旧湯之谷村下折立地区（１月17日・死者６人）などである。「５６豪雪」であった。

鉄道ダイヤは大きく乱れに乱れた。上越線、信越線をはじめ、新潟鉄道管理局管内は、全線ストップに近い状況となった。上越線の最大積雪量は、土樽５・１ｍ、越後湯沢４・２ｍ、小出４・１ｍ、長岡２・６ｍに達した。例年より１カ月早く、12月から急激な降雪がはじまり、１月初旬には最大積雪量に達し、降りやまぬ雪の中で、その積雪量が２月中旬まで維持された。

そのため、線路除雪の主体は、雪を押し出すラッセル車より、雪を跳ね飛ばすロータリー車へと移り、線路の側雪がますます高くなり、深い雪の谷間を列車が走って行く状態だった。

連続降雪日数が非常に長かった。三寒四温の言葉にあるように3〜4日の周期で雪と曇天とが交互になれば、その合間に除雪作業が進んだのだが……。上越線小出〜長岡間で、1日降雪量が75㎝、88㎝、68㎝と3日続いた後の1月13日には、降り積もる雪に除雪が追い付かず、ダイヤはマヒ状態になった。上野発秋田行きの下り急行「鳥海」は、午前5時から6時間も塩沢駅で立ち往生。その後、除雪車の後をはうように運転、長岡を出たのは午後2時28分、12時間の遅れだった。一方、上り「鳥海」も午前6時から六日町で立ち往生し、同日夕、運転をあきらめ、乗客約400人を六日町の旅館に収容した。

1月16日に、国鉄ダイヤの運休・混乱に対応して、新潟県は、新潟鉄道管理局、新潟気象台、自衛隊の関係者と協議し、自衛隊の出動を検討した。しかしながら、新潟鉄道管理局からは、「一応の人員を確保、何とか自力で除雪したい。雪の季節は2月まで、まず一の矢は自ら頑張ります。しかし、二の矢が必要になりました折には、ぜひ自衛隊の出動よろしくお願いします」との申し入れがあったこと、また、14・15日は山間部を中心に雪は小康状態に入っており、自衛隊への出動要請は、しばらく様子をみることとなった。だが新潟気象台の観測では、この小康状態は続かず、再び寒波が到来して大雪となる可能性のあることから、自衛隊は出動準備態勢に入っていた。

この非常事態で、新潟鉄道管理局内全線の除雪作業の指揮を執ったのが、保線課長・橋本正志だった。橋本の想いは、「これまで大事に保守してきた新潟局の線路を守るのは私達の仕事です。現場は一所懸命頑張っています。まず、自分達がやれるところまで、自分達でやらせて下さい。直ぐに自衛隊に頼むようでは、現場の士気にかかわります」だった。橋本と同じ想いで、管理局本局や信濃川工事局などのいわゆる非現業部門の職員達も、総出で、自らスコップを握り線路や駅構内の側雪の段切り作業に励んだ。橋本は、「越後湯沢の保線支区長、ずっと雪の中、風呂に入れずにいる。久し振りに風呂に入れてやらなきゃ」と、積雪５ｍの雪の現場へ飛んで行った。

豪雪時の上越新幹線、どう対応するのか。まさに、「克雪」の課題であった。

新潟の雪は、いわゆる「べた雪」である。東北新幹線沿線の岩手県内、氷点下まで気温が下がっての、さらさらの雪とは異なり、積もれば重たく、列車で排雪はできない。新潟県内の街中の多くでは、道路上に散水する、いわゆる「散水消雪」が行われ、十分に機能している。散水消雪は、当地の気象状況では、散水した水が凍らず、極めて有効な消雪手段である。

上越新幹線は群馬・新潟の県境から長岡までは基本的にはトンネルルートであるが、トンネルの間や駅部は明かり区間であり、長岡～新潟間はすべて明かりの高架橋区間である。そこで、当地の気象特性に合う散水消雪方式を基本とし、トンネル間の短い明かり区間や雪崩の予想される箇所にはスノーシェルターを設け、駅部は屋根で覆うこととした。

散水消雪の基本は、水の確保、散水機器・設備の維持、そして、降雪状況に適切に応じ適宜に散水し得る管理システムの構築にある。日本鉄道建設公団は、1971年（昭和46年）度から4年にわたり気象・地形調査を行うとともに、1972年（昭和47年）度より、新潟県大和町地内の九日町雪対策試験場（高架橋延長1㎞）にて現地試験を実施し、以来1977年（昭和52年）度の冬まで6冬にわたって全般的な設備機能のほか、効率のよい全自動システムを目指して基礎試験を重ねた。その結果、循環加熱方式による全自動散水消雪システム及びその状況を遠方監視制御できるシステムの開発に成功した。

上越新幹線の雪害対策区間は、群馬県月夜野町以北が対象であり、消雪基地32カ所、駅上屋消雪基地3カ所、取水基地7カ所を設けた。1978～79年（昭和53～54年）度には、上谷地、愛宕消雪基地において静的な総合機能試験を行い、１９８０年（昭和55年）度には、長岡～新潟間において実車走行試験を行い、列車が消雪設備等に及ぼす影響、雪の車両への影響等、動的な試験を行った。１９８１年（昭和56年）度には、越後湯沢～新潟間を列車走行しながら雪対策設備の機能効果の確認を行った。

沿線の多くの市町村では、道路等の消雪水として地下水を利用しているが、新潟平野の大部分では地盤沈下抑制のため、新たな大量の地下水の揚水を規制している。このため、消雪水の取水は、大清水トンネルの湧水を利用する上毛高原、越後湯沢地区を除き、すべて許可を得て、魚野川、信濃川、中乃口川などの河川から取水している。消雪基地は加熱循環方式を基本としたので、散水した水の回収を考え、線路縦断勾配の山から山までを１基地の受け持ち範囲とし、その谷部に設置した。なお、特殊なケースとして、加熱機のない基地や水を循環させる必要のない基地もある。温度の高い大清水トンネル湧水を利用する湯沢地区においては、比較的散水面積の少ない湯沢南部及び湯沢電留線消雪基地は非加熱循環方式、また、和南津消雪基地は、すぐ近くの魚野川から取水し、加熱散水後再び川に戻す、いわゆる加熱非循環式となっている。

上越新幹線は、開業以来30年以上の間、雪で止まったことはない。

建設工事中の中山トンネル四方木立坑。1973年7月25日

九日町雪対策試験場で流散水軌道を仮設しての消雪実験。1973年1月31日

北陸新幹線長野〜金沢間開業の出発式。2015年3月14日。東京駅

第5章　北陸新幹線

碓氷峠北回りルートで設置が決まった安中榛名駅

1981年（昭和56年）に、営業主体となる国鉄から、建設主体である日本鉄道建設公団に、営業施策上から軽井沢に新幹線駅を設置することが絶対条件であるとの見解が示された。

北陸新幹線高崎～軽井沢間のルート選定は、如何にして急峻な碓氷《うすい》峠を越えるかであった。在来線の信越本線高崎～軽井沢間（約42㎞）で標高差840m、横川～軽井沢間では標高差550mある。当時の新幹線構造規則に基づく最急勾配の1000分の15では、碓氷峠の標高差を越えて軽井沢を経由するルートの設定は物理的に無理であった。

そこで、高崎駅から北上して烏川を渡り、1000分の30の連続勾配で信越本線の北へと大きく迂回してまわり、子持山付近を南下して軽井沢駅に至る北回りルート（延長41・2㎞・工事費1170億円）案と、烏川を渡った後南下し、信越本線磯部駅と松井田駅との中間地点を横切り、さらに大小のトンネルで妙義山南山麓を迂回し、1000分の30の連続勾配で北上し軽井沢駅に至る南回りルート（延長50・8㎞・工事費1400億円）案の2ルートについて検討が進められた。北回り案が、全体的には凝灰角岩等の安定した地質であること、一方、南回り案は、碓氷川付近から軽井沢にかけて軟質な地質が多いこと、延長・迂回率・工事費とも、北回り案より高いことから、北回りルートの採用となった。なお、北回りは概ね旧中山道の碓氷峠ルートであり、碓氷バイパス、上信越自動車道は勾配の緩やかな南ルートを選択している。

１９８２年（昭和57年）12月に、日本鉄道建設公団は、工事実施計画認可申請の前段となる、北陸新幹線（高崎～小松間）の環境影響評価報告書案を、北回りルートを前提として公表した。沿線の長野・新潟・富山・石川の各県知事からは概ね了承との回答書が寄せられたが、しかし、群馬県知事からの回答書は得られなかった。高崎～軽井沢間42㎞は、軽井沢駅の手前まで、全てが群馬県内である。かねてから群馬県西毛地区の市町村は、松井田町周辺を通る南回りルートの採択と、信越線松井田～磯部間への中間駅設置を要望していた。ところが、公表ルート案は、北回りルートであり、かつ、中間駅設置の計画もなかった。一方、整備新幹線建設スキームでは、新幹線ルートがある群馬県は、トンネル・橋梁など路線主体工事費の10％を負担することとなる。

「金だけ出させて、駅がないとは何事か」となった。松井田町は、公表ルートに反対し、環境アセスの縦覧と説明会開催を拒否した。松井田町の環境アセスに対する意見書が県へ提出されないかぎり、県知事の意見書は取りまとめられない。記録によれば、その間、公団による協力要請等の延べ回数は、県62回、松井田町76回、町会議員10回、関係県会議員36回に及んだ。

与党・自民党は、群馬県内の状況を見て、このままでは、北陸新幹線の工事実施計画の認可申請に遅れるが出ると危惧し、地元群馬県との調整を図り、1985年（昭和60年）11月15日、自民党と群馬県知事との間で4項目にわたる確約書が取り交わされた。

確約書の内容は、「1・北陸新幹線工事実施計画認可の時点においては、安中市東秋間地内に新駅が計画駅として、盛り込まれるよう所要の措置をとるものとすること。2・前項の新駅は他県並みの扱いとし、特別な負担を群馬県に求めないこととすること。3・信越本線については、地域圏交通としての機能を維持するよう努めるものとすること。4・群馬県知事は所要の手続きを経て、環境影響評価報告書案に対する意見書を早急に提出するものとすること」とあり、北回りルートは認め、中間駅は設置する、との解決だった。

最後まで、南ルートの実現を主張した松井田町も、関連道路の整備や西毛地区の積極的な開発を前提に、確約書の趣旨で進めるべく町議会に同意を求めることとなった。

中間駅設置が可能な場所が検討された。北回りルートを若干微調整して、里見トンネルと第一長岩トンネルとの間の明かり区間で、南北道路とも交差する、安中市東秋間の山腹南面だった。開発計画が進めば、榛名山・妙義山・磯部温泉等の観光拠点となり得るとも考えられた。

群馬県知事からの環境アセスメントに対する意見書も出て、懸案の高崎〜小松間の工事実施計画の認可申請は１９８０年（昭和60年）12月に、新安中駅（仮称）認可の追加申請も翌年８月に出された。現在、北陸新幹線安中榛名駅（新安中駅）周辺の開発は進みつつあるが、安中榛名駅の乗車客数は、２０１５年（平成27年）度で、１日平均２７２人である。

●冬季オリンピック開催に間に合った高崎〜長野間の開業

立木トラストによる反対運動

日本鉄道建設公団が、北陸新幹線軽井沢〜長野間のフル規格での工事実施計画の認可に伴い、軽井沢町の県外在住の地権者を対象に、１９９１年（平成３年）11月に東京都内で工事概要説明会を開催した。これを契機に、同年12月、「北陸新幹線フル規格反対・在来線強化既成同盟」が結成され、軽井沢町南ヶ丘地区の立木トラスト運動が開始された。

トラスト運動は、同盟の代表世話人の名義で、土地の所有者と土地の賃貸借契約（期間10年間）を結び、その土地に植生している立木を取得して、この立木をこの運動に共鳴する者に1本1500円で譲渡し、取得者が立木に名札を付け、所有権を明認して第三者に対抗する。トラスト運動は、その後も軽井沢町内で広がりをみせ、1992年（平成4年）6月までに、新幹線通過予定地の数箇所で実施された。立木は独立した不動産として所有権が認められ、したがって、土地所有者が土地を譲渡しても、立木所有者の同意を得なければ開発行為はできない。

公団は、交渉の糸口を見出せない状況であった。1993年（平成5年）10月に、地権者と立木所有者に、測量調査の協力依頼文を送付したが、両者から抗議が返ってきただけであった。事態が進展しないことから、公団は、1994年（平成6年）2月に北陸新幹線軽井沢～佐久間の事業認定申請を行い、同年6月に建設大臣の事業認定告示がなされ、反対者の激しい抗議活動の中、土地収用法第35条の立ち入り調査を行った。交渉は平行線をたどり、新幹線の期限内の工事完成が危ぶまれる事態となったことから、公団は、同年9月から翌年までに立木トラスト用地7件を、長野県収用委員会に、それぞれ裁決申請及び明渡し裁決の申し立てを行った。裁決申請後も、任意交渉や審理を行い、7件のうち6件を取得した。

最後の1件については、用地内に設置された仮小屋等が、明渡し期限を過ぎても撤去されなかったことから、行政代執行を1996年（平成8年）1月22日から行った。8時58分の代執行宣言及び退去勧告より始まった代執行は、新幹線建設に反対する22名が仮設小屋に集結し、抗議文を読み上げ、立木に鎖で体を縛り、シュプレヒコールで、「帰れ！帰れ！」を繰り返し、退去勧告に応じなかった。約1時間おきに退去勧告に応じるよう説得したが、日没となり、移転作業に着手できなかった。翌23日は、小屋の中に居るのは移転義務者1名であった。公団は、9時より小屋の中に立ち入り、立ち退きの説得を重ね、9時30分より小屋解体に着手する旨、移転義務者に伝えたところ、移転義務者は小屋から退去した。解体作業は、着手後、反対派の妨害もなく順調に進み14時に終了し、17時には代執行の終了宣言及び土地の公団への引渡しが完了した。

1991年（平成3年）11月の東京都内での工事概要説明会の日から、トラスト運動用地の取得までに要した年月は、4年3カ月であった。ここに、高崎～長野間の用地買収が全て完了し、1997年（平成9年）秋の開業が視野に入ってきた。

●高速分岐器の開発

東北新幹線と上越新幹線は大宮駅の先数キロで分岐している。大宮駅から分岐点までは、東北新幹線1複線、上越新幹線1複線が並行している。それは、列車の走行安全性、ダイヤ設定の自由度を確保するため大宮駅より直ちに分岐せず、別線並行区間を設けて分岐したのであった。

同じケースが、高崎駅での上越新幹線と北陸新幹線の分岐の場合におきた。大宮駅と同様に、高崎駅を出てから4km間は、北陸新幹線は上越新幹線と並行して建設することにしていた。しかしながら、下り線については、高崎駅で上越新幹線列車と北陸新幹線列車が同時に発車することが考え難いことから、高崎駅を出発した列車が速度を減じることなく長野方に通過可能な高速分岐器を新たに開発・敷設できれば、高崎駅から線形上共用可能な3.3kmは下り別線を建設せずに、上越新幹線の下り線を利用できる。

高崎駅から出た下り列車は、分岐部で160km/hの速度になる。既設新幹線で最大の18番分岐器では、分岐側通過許容速度が80km/hである。したがって、160km/h走行可能な高速分岐器の開発・敷設が大きな課題となった。

このため、1990年（平成2年）度から1995年（平成7年）度まで技術開発がなされ、分岐器製作に着手し、同年10月末に敷設を完了した。高崎～軽井沢間の工事完成に伴い、最高速度180km/hまでの分岐側走行試験を1996年（平成8年）10月から12月まで実施した。結果は、走行安全性、乗り心地ともに良好であった。

レールの敷設も終えた碓氷峠トンネルの軽井沢方開口部。左は在来線の信越本線下り本線。1995年8月8日

建設工事中の上越新幹線と北陸新幹線の分岐部付近を走る200系電車。1994年5月24日。高崎駅付近

●秋間トンネルの補修

１９９６年（平成８年）秋、北陸新幹線高崎～長野間の地上設備は完了に近く検査確認の段階を迎えていた。そんな折、安中榛名駅の西方、秋間トンネル東工区（３８０５ｍ）のコンクリート覆工に、異常あり、との報告があった。現場で確認すると、コンクリート覆工そのものの強度は大丈夫だが、その一部表面にクラックが走り漏水が伝わり、、固結不十分の箇所が散見された。

この工区は、大断面の長大山岳トンネルにおいて初めて、省力化機械化施工として大型機械を使用する掘削覆工併進工法（ＥＣＬ工法）で施工した工区であった。この工法そのものは、すでに、桜木町駅構内線路下での管渠横断工事、信濃川発電所第二水路トンネル山本工区での施工実績があった。両工事でも、トンネル漏水が、施工後の覆工コンクリート表面の一部ひび割れを沿って生じていた。固結不十分の原因は打設された覆工用生コンクリートに掘削汚泥が混入したためであり、ひび割れはコンクリートの乾燥収縮が原因だった。いずれも、新技術導入に伴うトラブルの結果だった。

秋間トンネルは、電車が２６０㎞／ｈで走り抜けるところ。開業時期が遅れてもよい、徹底的に丁寧な補修を行う、との姿勢で対応した。末固結部分を剥ぎ落とし、クラック部分には樹脂注入を行い、さらに、コンクリート剥落対策を十分に行うこととした。数カ月かかったが、補修工事は進み、コンクリート、構造の専門家などによる再度の安全確認を行った上で、開業監査工程へと入った。「土木のコンクリートは、丁寧に、丁寧によくつき固めて作りなさい」。半世紀前、卒業実験をご指導頂いた国分正胤教授の言葉である。すべて初心に帰れ、であった。

長野冬季オリンピック開催を目前に控えた１９９７年（平成９年）10月１日、北陸新幹線高崎～長野間が開業した。

あまりの長さに断念した北アルプス貫通ルート

北陸新幹線構想の発端は、東海道新幹線開通の翌年の１９６５年（昭和40年）９月、金沢市で開催された１日内閣（佐藤栄作首相）において、富山県代表の公述人である岩川毅・砺波《となみ》商工会議所会頭が、政府に対して、東京を起点とし松本、立山連峰を貫通して、富山、金沢を経由し大阪に至る「北陸新幹線」の建設を求めたことにある。

北陸新幹線の基本計画決定に続き、１９７３年（昭和48年）決定された北陸新幹線の整備計画では、長野市から先のルートは「長野市から富山市、金沢市を経て……」とあるだけで、長野～富山間の途中経由地は明示されていなかった。

国鉄及び日本鉄道建設公団は、1975年（昭和50年）頃に、長野～富山間について、北アルプス（飛騨山脈）弥陀ヶ原《みだがはら》北の直下をトンネルで貫通する短絡ルートを検討していた。在来型新幹線の最急勾配12‰で検討した結果、北アルプス貫通ルートでは、最長トンネルが、延長約70km、最大土被り約2000mとなった。飛騨山脈中軸部の地形地質は、古生層、変性岩、蛇紋岩等からなり、火山地域を通過し、一部に断層破砕帯及び高熱地帯があり、また、土被りが約2000mと大きく、高圧で大量の湧水、強大な膨張性土圧及び山はね（岩盤破壊）が想定され、極めて困難な地質と考えられた。

「山はね」とは、トンネル掘削により地下に空洞を作ることで応力が解放され、岩石中の弾性ひずみエネルギーが急激に解放されて起こる爆発的破壊現象を言い、大きな岩塊が掘削面から飛び跳ねてくる。数平方メートルの岩塊が飛ぶこともある。

なお、大土被りのトンネルとしては、鉄道では、大清水トンネル（土被り1300m）、道路では、関越（土被り1190m）・飛騨（土被り1015m）・恵那山（土被り950m）が挙げられる。施工にあたっては、トンネル延長が約70kmと長く、飛騨山脈は道路がない上に、冬季は積雪が多く、工事用斜坑の設置が困難であった。

以上の状況から、国鉄及び鉄建公団は、北アルプス（飛騨山脈）に全長70㎞に及ぶ長大トンネルを建設するのは困難として北アルプス貫通ルートを断念した。

１９８２年（昭和57年）３月、環境影響評価のため、高崎～小松間の駅・ルート概要公表にあたり、北陸新幹線長野～富山間のルートは、信越本線や北陸本線に沿い上越市を経由するものとなり、１９８５年（昭和60年）12月認可申請の北陸新幹線高崎～小松間の工事実施計画では、長野から飯山・上越・糸魚川・黒部を経て富山に至るルートが示されることとなった。

9年の歳月をかけて掘り抜いた全長22キロ余の飯山トンネル

北陸新幹線を、長野から富山・金沢方面へ延伸するには、飯山《いいやま》トンネル（２万２２２５ｍ）を抜かねばならない。「飯山トンネルは北越急行の鍋立山トンネルに近いし、大丈夫か？中山トンネルのように、また着工後、工事費が増大するのでは」と、よく言われた。

飯山トンネルのルート選定にあたっては、想定ルート沿いに、鉄道技術研究所・吉川恵也技師指導の下、数多くのピンポイントの詳細な地質調査が行われた。弾性波調査が14測線・探査延長７万９８００ｍ、ボーリング調査が64孔・１万１６９１ｍ、さらに、岩石試験の他に、斜坑・水平坑・本坑9坑を、調査坑としてルート上で実際に掘削した。また、飯山トンネル内の最急勾配を当初の1000分の25から1000分の30へと変更し、大量湧水の恐れのある箇所の線路標高を押し上げ、湧水防止を図った。

それでも、飯山トンネルは、膨張性地山区間が全体の46％を占め、高圧湧水区間が44％、可燃性ガス湧出区間が75％と極めて施工難度の高い特殊地山から構成されており、6工区に分けて、1998年（平成10年）6月に着工した。

膨張性土圧によるトンネル断面の縮小が徐々に激しくなり、鋼製支保工（200H）の座屈・破断や吹付コンクリート（厚さ25㎝）の圧壊が発生するに至り、施工上の手戻りとなる再掘削（縫い返し）を余儀なくされた。初期変位量を見越して大き目に切羽を断面掘削し、第1層目の支保工を建て込み、初期地山応力を変位として開放させ、その内側に2層目の支保工を設置することで変位を制御する多重支保工で対抗した。高圧滞水層においては、長尺ボーリング（200m級）に加え、中尺ボーリング（100m級）及び短尺ボーリング（15m級）を組み合わせ、切羽崩壊の原因となる地下水を把握する管理手法を採用。可燃性ガスによる爆発災害は、爆発限界内濃度の混合気体の存在、着火するに十分な火源の存在で発生する。このため、換気の希釈技術の如く、ガス濃度管理と火源管理両面から対策を講じた。これら作業の積み重ねにより、飯山トンネルは約９年の歳月をかけて、２００７年（平成19年）12月３日に全工区貫通した。

区間によって貯雪と散水を使い分ける長野〜金沢間の雪害対策

北陸新幹線は、飯山トンネルを抜けると、上越妙高駅から先は、日本海岸に沿って、北陸本線とほぼ並行し、糸魚川《いといがわ》〜富山〜金沢〜福井〜敦賀に至ることになる。営業主体は、長野〜上越妙高間がＪＲ東日本、上越妙高以西がＪＲ西日本である。電源の周波数が50Hzと60Hzの両方が存在しており、上越妙高から糸魚川にかけて信号やき電に関する機器を両方に対応できる延長き電を可能にしている。また、電源の周波数の切り替わったときに合わせ軌道を流れている信号関連の電流も切り替わる方式が取り入れられている。

比較的降雪の少ない長野市内は、高崎〜長野間と同様の貯雪型高架橋（幅11・２ｍ）を採用し、一方、中野・飯山・上越のような豪雪地区では、近接の河川からの取水が可能であることから、既往の新幹線での実績を踏まえ、散水消雪とした。散水消雪は、河川から取水した水を加熱・散水し、散水で使用した水の回収・再利用を行う加熱循環方式である。散水量は、新潟県内が０・７ℓ／㎡・分、気温がより低い長野県内では１・０ℓ／㎡・

分で、散水温度は摂氏12度前後である。山間部におけるトンネル間の短い明かり区間は、スノーシェルターで覆っている。

上越妙高〜金沢間では、長野〜上越妙高間に比べ温暖であることや、新幹線に近接して安定した取水を行える河川が少ないことから、路盤コンクリートを高くすることにより、所要の貯雪量を確保する貯雪型高架橋を基本としている。高架橋の貯雪能力を上回る区間は、ロータリー車で高架外へ投雪することになる。現地の状況で投雪できない場所は融雪装置で対応する。また、山間部におけるトンネル間の小さな区間では、長野〜上越妙高間と同様に、スノーシェルターで覆っている。なお、開業前の２０１３〜１４年度（平成25〜26年）度、それぞれの冬季に、長野〜黒部宇奈月温泉間での走行試験を行ったが、問題はなかった。

ふたつの黒部川橋梁、その工事現場を支える仕事師たち

１９６３年（昭和38年）10月、私は自分で計算し、自分で描いた橋梁基礎の設計図を持ち、初めての現場（国鉄岐阜工事局生地工事区）に立った。電卓もパソコンもない時代、設計、数量計算は、算盤、手回しタイガー計算機、計算尺の時代、さらに、地震時計算を

忘れたり、図面表示を誤ったり、計算書、設計図書の書き直し何度も、試行錯誤の日々を経てのことであった。

富山県東部、日本海河口近く、川幅５００ｍの黒部川に、１９１０年頃（明治末から大正初め頃）に作られた単線橋梁に代わり、複線橋梁を新設する工事だ。施工は間組《はざまぐみ》。まず基本測量を行い、型枠・鉄筋組の検査、支給セメントの管理、日々のコンクリート配合の指示、コンクリート打設中は終了まで施工状況の確認、現場状況に対応した設計変更起案書の作成だった。

橋脚基礎として、１ロット高さ５ｍの大型井筒を、場所打ちコンクリートで作る段階では、図面通りに、井筒の型枠を組み、鉄筋を加工したものの、どうもきちんと納まらない。型枠を直せば鉄筋が突き出し、鉄筋を直せば型枠がゆがむ。型枠のてっぺんで、大工、鉄筋の棟梁などとかっかとやりあううちに、足を踏み外してしまった。右足は内出血で丸太ん棒となり、黒部市立病院に20日間入院、公傷とされ、吊り上げられている右足を眺めながら考えた。初めての仕事、なんとか経済断面にとミリ単位で設計した。だが、現場はセンチ単位の世界だった。要は、私の設計図にはいわゆる遊びが無かった。現場で作れないような設計図を描く奴が駄目なのだ、と思い知らされた。病院から出たら、机の上には設計変更のメモ書きが溜まっていた。それは、自分自身で始末するしかない仕事であった。やはり、怪我などするものでない。

殉職事故が発生した。黒部川下流は、黒部渓谷からの急流が運んできた大きな石が混在する扇状沖積地である。大きな井筒基礎を深く沈めるには、高圧の空気を送り湧水を抑えながら、作業員が地底を掘削する潜函工法となった。その掘削中、作業員の上にシャフトを上下していた排土運搬用のバケットが落下し、殉職事故となった。現場での葬儀、遺影を前に、幼子を抱えた母親が、「お父さんの最期だからね」と幼子に語りかけながら手を合わせていた。今も忘れ得ぬ光景だ。半世紀以上経った今も、「生きておられれば、あの母親とお子さん、どうされておられるかな」との思いとなる。誰しも、人生唯一度、生あればこそ、である。安全第一を肌身で感じさせられた。

3気圧の高圧下の作業は潜函病との闘いであった。所定の深さまで掘削した地底では、シャフトの梯子を30m近く下り、地耐力試験に立ち会い、地盤強度を確認のうえ基礎コンクリートを流し込んだ。その井筒基礎の上に橋脚が立ち、橋桁を支えることになる。

1964年（昭和39年）春、北陸本線黒部川橋梁架け替え工事は、橋脚など下部構造が完成し、いよいよ桁架設の段階となった。当時、岐阜工事局の橋梁現場には、未だ直轄施工の流れをくむ工手長が一人張り付いていた。建設会社の鳶、大工の親方連中と渡り合える経験、技量、そして度胸のある仕事師で、それだけに現場をよく見ていた。

複線下路式４径間連続トラス（63ｍ×４）２連、総延長５０４ｍの鋼桁。橋上のエレクションクレーンでトラス部材を吊りながら順次組み立て、足場なしの架設であった。だが、クレーンを組み立てる最初の第１経間（63ｍ）だけは、数基の仮橋脚で橋桁を支えねばならなかった。仮橋脚の設計をした。出水時期を迎えることから、洪水時の洗掘倒壊を防ぐため、仮橋脚のコンクリート基礎は十分深めとした。だが、その図面を一目見た工手長、「この川の水はこわい、レール杭を十分打ち込んでおきなさい」と。その場で、工手長は、黙って赤鉛筆でぐいと、古レール数本の杭基礎を図面に濃く描き加えた。

春が過ぎ、第１経間目の桁が第１号橋脚に届く寸前、すべてが仮橋脚にのっているまさにその時、集中豪雨が発生し、雪解け水も加わり、黒部峡谷からの濁流が両岸の堤防を波打つ事態となった。どの仮橋脚も、コンクリート基礎はすっかり流れ去り、一瞬、落橋を覚悟した。だが、濁流の中、すっくとレール杭数本が仮橋脚を支え、トラス桁１経間をしっかり担いでいた。

工手長の指摘がなかったら、橋桁は濁流の中へ消え去っていた。まさに仕事師の勘だった。長年の体験から湧き出でてきた言葉だったと思う。当時青空のかなたに仰いだ白雪の立山連峰を背景に、今も、あの仕事師の顔が浮かんでくる。

秋、桁架設がおわり、線路が敷設され、荷重載荷重試験と建築限界確認のため、断面確認車（オイラン車）を牽引した蒸気機関車ががたんがたんと無事通って行った。これまで、計算でしか判断できなかった構造物が、ひび割れ一つなく立つ姿を見て、土木技術者として、なんとも言えない喜びと自信を感ずることができた。これが、技術力というものかな、と感じだった。


それから35年。1999年（平成11年）10月、北陸本線黒部川橋梁から少しばかり上流に、北陸新幹線の工事現場があった。新幹線の黒部川橋梁は、6径間連続波型ウェブPC箱桁1連と3径間連続PC箱桁2連と単純PC箱2連とを橋脚16基が支える、橋長761mの長大橋である。上部構造は、波型鋼板と箱型断面のPCコンクリートとの合成桁。北陸本線複線化工事時には思いもつかない構造だ。当時の技術レベルでは、長さ十数m程度のI型鉄骨と鉄筋コンクリートとの合成桁の架設が精一杯だった。

北陸本線黒部川橋梁の現況が気になり、足を運んだ。35年の風雪、川の流れの中でも、手作りの橋脚のコンクリートは、全く欠けるところ一つなく、表面つやつやと、その品質はピンピンとした堅固そのものだった。橋脚に支えられた鉄骨トラス桁の中を、電車ががたんがたんと走り抜けて行った。安堵とともに誇りを感じた。

新しい創造には、苦しみとともに感激がある。鉄道建設も、形あるものを創り出す。しかし、それは個人の主張を強く主張する芸術作品と異なり、なくてはならないものだが、そこには声高の主張はない、空気のようなものだ。公の仕事とは、そういうもの。技術とは、研究と異なり、具体的にある目標を実現させることである。鉄道建設の仕事はチームプレーの世界である。ヒーローは要らない。だが、計画した人も、設計した人も、作業した人も、事務も技術も、携わった誰しもが、「自分がこれをやったのだ」と言える。それが生涯の心の支えとなる。

この北陸新幹線の黒部川橋梁の建設に関わった若者達も、また、いつの日にか、巣立ったこの現場を確かめに戻って来るだろう。年輩の技術者は、よく、「今の若い者は、現場を何も知らない、心配だ……」と述べられる。多分、その年輩の方も、若い頃、同じように、その先輩の方々から「今の若い者は……」と思われていたことだろう。その彼等も、現場の仕事師達によって支えられ一本立ちした。いつの時代にも仕事師がいる。その仕事

在来線の黒部川橋梁新設工事で河川敷に設けられた橋脚基礎となる大型井筒。1963年12月5日。北陸本線（現・あいの風とやま鉄道）生地～西入善間

鉄道橋では日本初となる「波型鋼板ウェブPC橋」として建設工事中の北陸新幹線黒部川橋梁。2003年8月28日

師が次の時代の仕事師を育てている。

北陸本線、そして北陸新幹線、二つの黒部川橋梁の雄姿は、それぞれの時代に、その心もとないと思われた若者達が、失敗を重ねながらも、失敗に学び、周辺環境や前提条件などの変化に対応し、自らを高め、技術を、世の中を一歩一歩前進させて来たことを示している。技術はつながっている。心配はない。

富山・金沢・福井駅、それぞれの連続立体交差化と再開発

東京の皇居、札幌の大通公園、仙台の青葉通り、名古屋の久屋《ひさや》大通など、いわゆる空いた空間（オープンスペース）を中心に都市環境が形成されている事例は多い。また、町中にある大小の広場や原っぱ、路地などは、人々の記憶を宿す原風景として、都市の魅力や存在感と密接につながっている。オープンスペースとは、単に人々が集い、憩う場ではない。こうした空間には、都市生活をより豊かにするポテンシャルがある。地域の中心駅周辺での連続立体交差事業に伴う再開発事業などで生み出される都市空間もまた、地域を豊かにしている。このような観点から、各駅の再開発事業を振り返ってみたい。

●富山駅

富山駅は、北陸本線、南の飛騨山系を抜いて岐阜を結ぶ高山本線、北の富山港を結ぶ富山港線、そして、立山・宇奈月方面を結ぶ富山地方鉄道の発着駅でもある。

1985年（昭和60年）11月、日本鉄道建設公団より認可申請された北陸新幹線高崎～小松間工事実施計画において、新幹線富山駅は、地平の駅（南側）に高架で併設される計画だった。

富山駅には、南（山側中心街）と北（富山港側）とを結ぶ地下自由通路があったが、在来線と富山駅構内そのものが南北の交通を遮っていた。そこで、新幹線駅新設を機に、在来線富山駅を高架化し、同時に駅周辺も整備し街の活性化を図ろう、との動きが出てきた。

だが、富山駅周辺の連続立体交差事業実施については、費用負担、除却踏切など課題が多く、賛否両論あった。2000年（平成12年）10月25日、私は当時の正橋正一・富山市長にお会いし、「在来線富山駅周辺の連続立体交差化を検討させていただいています。一方、すでに通り抜けの地下自由通路もあり、市の負担も増えると、高架化事業には異論もあります。富山市としては如何お考えでしょうか」とお尋ねした。

正橋市長は、一息ついて、穏やかに、ぽつりと、「雪国では、青空が大事、地下道では駄目、青空を仰げるフラットな街づくりをしたい」と答えられた。この一言だった。

その後、富山県・市等関係者の尽力により、２００５年（平成17年）に、北陸新幹線富山～金沢間工事実施計画（フル規格）、富山駅付近連続立体交差事業、関連街路整備事業、富山駅周辺区画整理事業がすべて認可され、富山駅周辺整備事業が具体化に向け動き出した。

連続立体交差延長は、北陸本線（現在のあいの風とやま鉄道線）１・８㎞、高山本線０・７㎞、富山地方鉄道線１・０㎞。事業費２９７億円。駅北側の富山港線は高架化せず、まずＪＲ西日本がその営業をやめる。次に、北側鉄道用地及び富山港線（１面２線）の跡地に、北陸本線（２面４線）及び高山本線（１面２線）を仮移設（地平）する。空いた跡地と南側鉄道用地に新幹線高架橋と並んで在来線高架橋を作り、再び仮移設の地平から振り戻して高架化する。

地平に取り残され営業停止した富山港線は、ＪＲ西日本から富山ライトレールに譲渡され、富山駅北口からの富山ライトレール富山港線として再生された。富山駅南側の富山地方鉄道富山軌道線（市内電車）と駅北側の富山ライトレール富山港線が、新幹線・在来線高架下に新設の停留所で接続し、富山市が推進するＬＲＴネットワークのシンボルとして機能することになる。

駅周辺整備事業の一環として、南北、東西の自由通路（幅員27ｍ）が作られ、駅前広場も、南1万㎡、北1・2万㎡と拡大され、正橋正一市長が夢見られた青空とフラットな駅前となった。富山駅周辺の連続立体交差化事業がなかったら、現在の「ライトレールの街・富山」はなかった。

●金沢駅

石川県と金沢市が中心となり、北陸本線によって分断されている金沢駅西側新市街地と戦災を免れた東側旧市街地を有機的に連絡させようと、金沢駅付近の高架化が検討されてきていた。

その結果、1978年（昭和53年）3月に西金沢駅から東金沢駅の間、約5・4㎞を高架化することが都市計画決定され、同年10月、当面は金沢駅を中心に犀川と浅野川の間の約2・8㎞を事業化することとなった。北陸新幹線計画が確定していない中での高架化後の在来線跡地の扱いや工事費負担などについて、石川県（道路側）と国鉄岐阜工事局（鉄道側）との協議は難航したが、1980年（昭和55年）4月に工事協定が締結され、総事業費約470億円の連続立体交差化工事が着手となった。

工事の手順は、まず、金沢駅構内にあった貨物設備を、すでに用地が確保されていた東金沢駅付近の貨物センターに移転する。次に、貨物設備移転跡地を利用して高架化工事を進め、旅客専用駅金沢として必要な駅舎施設等は高架下に収容する。１９８５年（昭和60年）７月に金沢駅西口が開設され、その翌年１９８６年（昭和61年）３月より高架本体工事がはじまり、１９９１年（平成３年）４月に上り貨物線が高架化されたことで在来線の高架化は完了した。

金沢駅周辺の新幹線高架ルートは、在来線高架東側にぴたりと沿って並行している。金沢駅の新幹線高架部分は駅緊急整備事業として、１９９９年（平成13年）３月に完成している。

金沢駅東広場（兼六園口）は、地上広場１万９４００㎡、地下広場１万５５０㎡、西広場（金沢港口）は２万７０００㎡の規模で、２００５年（平成17年）３月に完成した。

東口地上広場の中央部歩行者大空間（幅35ｍ・長さ１１０ｍ）の上部には、それらを覆う半径90ｍの巨大な玉の一部を三味線のバチの形に切り出した大屋根を架けている。金沢は年間降雨日数が半年にも及び、人口45万人の都市として有数の多雨多雪都市である。大屋根は、金沢の気候風土に対し、人々が集う広場の上に傘を差し出すような「もてなしの心・思いやりの心」を表現したとのこと。ドームの構造は、アルミ合金を構造材とした立体トラス構造で、明るい駅前広場を実現するために、１８０cmの積雪にも耐えられる強化ガラス３０１９枚が使われている。また、東広場の兼六園方面のシティゲート（鼓門）は、「歴史のまち金沢」の格調を伝えるとともに、大屋根の雪受け、地下広場の換気塔、大屋根雨水のパイプスペースなどの役割を果たしている。

金沢駅西口広場から金沢港への50ｍ道路（金沢駅港線）に面して、２００３年（平成15年）１月には、石川県庁舎（地上19階・地下２階）が開庁した。金沢駅西広場は、戦災を受けなかった東側旧市街に代わり、産業新施設の受け皿となった金沢西地域を結ぶ役割を果たしている。

なお、北陸新幹線が金沢駅に入ってきたのは、連続立体交差事業や駅前広場の整備がほぼ完了してから10年後の２０１５年（平成27年）３月であった。

●福井駅

福井駅周辺の踏切は、北陸本線とえちぜん鉄道（福井鉄道）の２路線の影響から、自動車ボトルネック踏切（自動車交通量×踏切遮断時間が５万台時以上）に該当し、例えば清川踏切では交通遮断量約11万台時と深刻な渋滞を引き起こしていた。

福井県・福井市は、１９８４年（昭和59年）５月から福井駅周辺整備構想を策定にかかり、１９９１年（平成３年）３月に福井駅周辺の連続立体交差化事業及び区画整理事業の都市計画決定を行うに至った。その内容は、北陸本線（約３・３㎞）及びえちぜん鉄道（勝山永平寺線約１・８㎞・三国芦原《みくにあわら》線０・７㎞）を、全体事業費約６８３億円で高架化し、踏切を除去することで、線路により分断されていた東西市街地について一元的な都市整備を図ることだった。

福井駅高架化工事の手順は、まず在来の北陸本線（2面４線）及びえちぜん鉄道（１面２線）を、東側（駅裏側）に仮移設し、西側（県庁側）の北陸線跡地に北陸本線高架橋（2面４線）を作り振り戻し、高架化する。そして、東側の北陸本線仮線跡地に北陸新幹線高架橋（１面２線）を建設し、最後に仮線上のえちぜん鉄道（１面２線）を高架化する。

連続立体交差化工事は、１９９６年（平成８年）７月に起工し、線路移設後の２０００年（平成12年）に北陸本線高架本体工事が着手となり、２００５年（平成17年）４月に福井駅付近の北陸本線高架化が完成し、新駅舎及び商業施設「プリズム福井」が開業した。しかし、次の施工手順の新幹線高架橋工事が、工事実施計画未認可の状態であったため、直ちに着手とならず、えちぜん鉄道線は地平のまま、その踏切が取り残されることが予想されていた。事態を回避すべく、２００４年（平成16年）11月、政府・与党は、整備新幹線に関わる与党申し合わせで、「えちぜん鉄道の高架化と一体的に工事を行うことが効率的な北陸新幹線福井駅部について、所要の認可等の手続きを経て、2005年（平成17年）度初に着工し、2008年（平成20年）度末の完成を目指す」とした。その結果、途切れることなく、新幹線高架橋（1面2線・延長800m）は、2005年（平成17年）6月に着工し、2009年（平成21年）2月に完成となった。

えちぜん鉄道は、地平の仮線から、先行整備された新幹線高架橋上に、2015年（平成27年）9月に暫定的に移された。新幹線の高架橋を使用するのは、福井駅から約800m先までで、そこから約200mはスロープを設け、これまでの地上線につなげる。福井駅のほか途中の新福井駅も新幹線高架橋上の仮設駅に移され、この暫定的な高架化で2カ所の踏切が解消された。引き続き、えちぜん鉄道の高架化工事が進み、2018年（平成30年）夏の福井国体前に完成し、福井駅を含む北陸新幹線金沢～敦賀間は2025年（平成34年）度の開業予定である。

北陸トンネルの列車火災事故、そして新北陸トンネル

今庄と敦賀の間の木の芽峠（標高628m）は、古くから北陸道の難所であった。1896

年（明治29年）開通の北陸線今庄～敦賀間は、木の芽峠を避け、海岸部に近い杉津駅を経由する山中峠ルートを採っていた。海岸の山麓を縫いながら絶景な場所もあったが、４カ所のスイッチバックを擁して25‰の急勾配を上り下りする厳しい条件の単線区間であった。途中には３カ所の駅、３カ所の信号場、12カ所のトンネルも存在し、列車の行き違いにも時間を要した。

北陸本線の複線・交流電化にあたり、今庄～敦賀間、鉢伏山の東側、木の芽峠下を、１本のトンネルで抜くこととなった。北陸トンネル（延長１万３８７０ｍ）である。

国鉄岐阜工事局の施工管理で１９５７年（昭和32年）に着工し、今庄・敦賀両坑口及び中間２カ所の立坑、斜坑からの掘削で断層出水に悩まされたが、１９６１年（昭和36年）７月に貫通し、１９６２年（昭和37年）６月に開通している。この北陸トンネル工事での掘削断面の崩壊事故を機に、トンネル掘削時に地山を支える支保工が、それまでの木製支保工や古レール支保工に代わり、安全施工のため、Ｉ型鉄骨やＨ型鉄骨を支保工として用いるようになった。

１９７２年（昭和47年）11月６日未明、北陸トンネル列車火災事故が発生した。午前１時13分頃、北陸トンネル内を走行中の大阪発青森行き５０１列車、急行「きたぐに」（EF70牽引、10系客車15両編成）の11号車食堂車から火災が発生した。食堂車従業員から通報を受け、当時の運転規定に基づき、車掌は非常ブレーキを操作、機関士は非常停止措置を行い、列車は、敦賀側入口から4・6km地点の下り線で停車した。複線区間であるため、上り対向列車への防護措置（上り線に軌道短絡器を設置し、信号を赤にする）を行ったうえ、消火器などで消火作業を開始したが、火勢が強まり鎮火は不可能と判断し、1時29分頃、トンネル両端駅である敦賀、今庄両駅に救援を要請した。1時52分頃、熱で天井に設置されていた漏水用樋が溶け落ち、架線に触れてショート、停電となったため、列車は身動きできない状態に陥った。事故発生から数時間後に救援列車が入り、取り残された多くの乗客を救助したものの、煙に阻まれ、火元の車両には近づけなかった。火災が深夜の食堂車で発生したため発見通報が遅れたこと、火災車両から発生した猛烈な煙と有毒ガスが排煙装置のないトンネル内に充満したことなどより、乗客29人、指導機関士1人の30人が全員一酸化中毒で死亡し、負傷者714人を出す大惨事となった。

当時、国鉄は、電化のトンネル内で火災は発生し得ない、との考えで、排煙設備や消火設備を設置せず、また、トンネル内照明は、労働組合からの「運転の妨げとなる」との反対で消灯していただけでなく、一斉点灯する回路も備わっていなかった、という。北陸トンネル開通から5年目、火災事故の５年前となる１９６７年（昭和42年）に、敦賀消防署は、トンネル内の火災を予期して、国鉄に対し、通過列車に救命補助具や呼吸器を備えることを申し入れている。

火災事故直後、国鉄は「鉄道火災対策技術委員会」を設け、１９７２年（昭和47年）12月の大船工場での定置車両の燃焼実験、１９７３年（昭和48年）８月の北海道狩勝《かりかち》実験線における走行車両の燃焼実験、そして、１９７４年（昭和49年）10月の宮古線（現在の三陸鉄道北リアス線）の猿峠トンネルでの、トンネル内走行中車両の燃焼実験などを重ねた。その結果、国鉄は、それまでの「いかなる場合でも停車する」から、「トンネル内火災時には停止せず、火災車両の貫通扉・窓・通風器をすべて閉じたうえで、そのまま走行し、トンネルを脱出する」と運転規定の改定を行った。また、車両の難燃化も進められた。規定改定後の１９８８年（昭和63年）３月30日、上越線越後中里～岩原《いわっぱら》スキー場前間で、気動車（サロンエクスプレス・アルカディア）が火災を起こした時には、トンネルの長い区間だったため、トンネルを出て緊急停止している。

北陸新幹線ルートは、南越駅（仮称）を出てからは北陸本線王子保《おうしお》駅先で北陸本線を跨ぎ、新北陸トンネルに入り、鉢伏山の西側（海側）を抜け敦賀駅に至る。北陸新幹線新北陸トンネル（1万9680m）は、北陸トンネルより約6㎞長く、北陸新幹線では飯山トンネルに次ぐ長さである。

新北陸トンネルの掘削箇所は主に砂岩や粘板岩といった岩盤を含む地質であるため、地山自体の力を活用したNATM工法によって掘削する。NATM工法の掘削手順は、「発破による切羽掘削、鋼製支保工の建て込み、地山を吹付けコンクリートで保護・補強、ロックボルトによるトンネル地山の一体化」のサイクルの繰り返しだ。掘削の平均日進8mとか。鋼製支保工を初めて導入した北陸トンネル掘削時から五十数年余、トンネル掘削技術は格段に進歩している。

コラム

どうなる敦賀～大阪間のルート

北陸新幹線の整備計画決定にあたり、主要な経過地として、金沢市付近と大阪市との間に、「小浜市付近」との記載が入った。敦賀～大阪間は、基本計画決定時には琵琶湖東岸を通って米原駅付近で東海道新幹線に合流する案が有力であったが、「福井県の重なる陳情により、主要経過地小浜と福井県内の若狭湾沿いのルート指向の記載となった」と言われている。真偽のほどは分からない。だが、整備計画認可から2日後の1973年（昭和48年）11月13日に、新たに追加決定された基本計画11路線の中に、北陸地方と中京地区とを結ぶ「北陸・中京新幹線（敦賀市～名古屋市）」があることは、その間の経緯を窺わせるものがある。

２０１６年（平成28年）12月、与党整備新幹線建設プロジェクトチームは、敦賀～大阪間のルートについて、国土交通省がとりまとめた想定3ルートの建設延長や概算工事費、工期、所要時間などの試算結果を受け、敦賀駅から小浜市を経て南下し京都駅につなぐ「敦賀～小浜～京都～新大阪ルート」が適切と国の方針として採用した。翌年、２０１７年（平成29年）3月には、京都～新大阪間は、京都府が推す京都南部を回る南回りルートとなり、京都府京田辺市のＪＲ片町線（学研都市線）松井山手駅付近に新幹線駅が新設される見通しとなった。

北陸3県との鉄道旅客流動（２０００年）は、関西地区2対中京地区1の割合である。

ＪＲ西日本は、２０１５年（平成27年）8月、「北陸新幹線と東海道新幹線とは運行管理システム、地震に対する脱線防止システムなどが異なること、及び、北陸と京都・大阪の旅客流動を考え、小浜～新大阪間直行ルートでなく、京都経由の小浜～京都～新大阪ルート」を提案した。北陸3県は、中京地区との利便性を若干懸念したものの小浜～京都ルートを支持した。しかし、米原ルートを支持する滋賀県は反対の立場であった。小浜～京都ルートの場合、北陸新幹線は滋賀県内を走らないのに、新幹線開業時に、滋賀県内を走る湖西線が、並行在来線として、ＪＲ西日本から経営分離され、引き受けさせられることへの懸念が、その背景にあるものと思われる。なお、２０１６年（平成28年）12月、与党整備新幹線建設推進プロジェクトチームへの北陸新幹線敦賀～大阪間整備討委員会からの中間報告書には、「新幹線の通らない県内の在来線の経営分離については、現在の自治体の意向を前提とすべきである」との記載がある。思うに、ＪＲ西日本が引き続き湖西線を運営することを前提に、敦賀～京都間の新幹線使用料算定にあたって、受益の範囲を、北陸新幹線（敦賀～京都）

コラム

のプラスと湖西線マイナスとを合算してはどうか。建設費償還の視点からは難点はあるが、九州新幹線鹿児島ルート全線開業時、JR九州が鹿児島本線博多～八代間を運行し続けた事例もある。

着工・開業時期は未定であるが、「現状では、敦賀～小浜～京都～新大阪間140㎞の建設着手時期は、財源の制約から、開業予定が2022年度の九州新幹線（長崎ルート）、2025年度の北陸新幹線（金沢～敦賀間）、2035年度の北海道新幹線（新函館北斗～札幌間）の見通しがつく2031年頃着工、工期15年を経て2046年度開業の見通し」との報道がある。

一方、JR東海は、中央リニア新幹線については、品川～名古屋間が2027年開業予定とし、名古屋～新大阪間は、8年間の資本力回復期間をおいて、2035年に建設着手し2045年度開業としていた。しかし、政府はJR東海に名古屋～大阪間建設費を財政投融資などの低利融資を行うことにより資本力回復期間（8年）分の工期を短縮し、名古屋～大阪間の開業、すなわち中央リニア新幹線（品川～新大阪）全線開業の目標を2037年度としている。

仮に、北陸新幹線敦賀～小浜～京都～新大阪ルートの着工時期が、現在施工中の3区間の目途がつく2031年頃とすれば、その開業は中央リニア新幹線全通9年後の2046年度となる。その時には、中央リニア新幹線（品川～新大阪）は開業しており、東海道新幹線（名古屋～米原～新大阪間）の線路容量に余裕が生じる可能性がある。敦賀～新大阪間の着手には、まだ時間がある。もう一度、運転管理システムの違い等技術的問題点はあるが、北陸3県と京都・大阪方面、中京地区両方面と直通可能となる敦賀～米原ルートを比較・再検証して見ては如何であろうか。

九州新幹線博多開業の初列車となったN700系電車「つばめ327号」。2011年3月12日。博多駅

第6章 九州新幹線

[鹿児島ルート]

九州新幹線の鹿児島ルートの選定作業で、第一の課題は、八代〜鹿児島間が鹿児島本線側の海沿いルート案、もしくは、人吉から吉松を経て鹿児島に至る肥薩《ひさつ》線と同じ山側縦貫ルート案のどちらを選択するかであった。両案とも延長に大差はなかったが、都市が多く沿線人口が圧倒的に大きく、多くの乗降客数が見込める海沿い案を採用した。鹿児島本線は、八代〜西鹿児島間は海岸線にぴったりと沿った路線のため、その営業キロ延長は163㎞だが、新幹線新八代〜鹿児島中央（西鹿児島）間は128㎞と35㎞（22％）短い。九州新幹線の整備計画に、主たる経過地として、50万都市の熊本市とともに、海沿いの川内《せんだい》市が記載されることとなった。

沿線渇水を避けた筑紫野トンネルのルート選定

九州新幹線の工事起点は、博多駅を出て8・2㎞の博多車両基地南端である。直ちに、鹿児島ルートのトンネルでは最長となる筑紫トンネル（1万1935m）を抜けて、長崎ルートと分岐の新鳥栖《しんとす》駅を経て、筑後川を渡り久留米駅へと南下する。

筑紫トンネルが抜く背振《せふり》山地（標高６００〜１０００ｍ）は、福岡都市圏の水道、農業用水などの水源地である。特に、福岡市は水道用水源が乏しく、他地域の筑後川水系からも給水を受けており、降雨量の少ない年には、しばしば給水制限が実施されている。博多車両基地と鳥栖駅を結ぶ線上、及びその周辺には、大小の水道及び用水ダム、さらに数多くの汲み上げ井戸などが点在している。それだけに、筑紫トンネル掘削に伴い、山陽新幹線建設時に福岡トンネルであったような異常出水による周辺地域の渇水は絶対避けねばならなかった。

渇水を防ぐには、平面線形ではダムの取水範囲から離れるとともに、高低関係に係わる縦断線形を滞流水が少なくなる高い標高にまで引き上げるとともに、断層破砕帯では切羽の崩壊を防ぎ早く突破することである。整備計画策定時、筑紫トンネルのルート周辺には、背振山地内の牛頸《うしくび》ダム・山神ダム・南畑ダム・河内ダム・五ケ山ダムがあり、平面線形ではそれらをＳ字ルートで避け、縦断線形は、当時の最急勾配である１０００分の15で上って下りるかたちで、トンネルを出来る限り押し上げた。しかし、危惧すべき点は残っていた。筑紫トンネルのルートは、中生代花崗岩主体の地質の中を通り、４カ所の断層を横切らざるを得ない。また、一般には花崗岩が分布する地質では断層などの亀裂に沿って水が浸透し、山の深い部分でも岩盤が風化し脆くなっている場合がある。

筑紫トンネル着工にあたり、そのルートは、国鉄より引き継いだ日本鉄道建設公団により、更に検討が加えられ、北陸新幹線碓氷峠トンネルでの実績を踏まえ、最急勾配を1000分の15から1000分の35へと変更し、トンネル標高をさらに上げた。その結果、筑紫トンネル掘削に伴う渇水予測面積の推計値は、34㎢から17㎢へと半減し、渇水防止策は更に進んだ。

着工後、トンネル掘削は順調に進み、4カ所の断層破砕帯をも、ボルトの打ち込み、注入、長尺水平ボーリングなどの補助工法を駆使して突破し、平成19年（2007年）12月、筑紫トンネルは、山陽新幹線福岡トンネル掘削時のような渇水問題を起こすことなく無事貫通した。

連続立体交差事業で可能となった新幹線の熊本駅併設

九州新幹線熊本駅の位置選定にあたっては、最初から鹿児島本線熊本駅への併設を前提として考えた。だが、それは極めて難しいルート選定を強いられるものだった。

鹿児島本線は、上熊本駅から熊本城周辺の市街地・公園の西をぐるっと回って熊本駅へと入り、跨線道路橋（県道・田崎陸橋）の下を潜り抜け八代方へと南下している。上熊本駅～熊本駅間の線路両側は建物の密集した地域であり、そこに新幹線が単独で割り込んでくるには、相当多数の用地買収と建物撤去が予想された。特に、熊本駅進入ルート手前では、線路の東側には坪井川、西側、狭い道路の西には熊本藩細川家墓所として国の史跡に指定されている北岡自然公園がある。鹿児島本線はそれらにぴったりと挟まれ、とても新幹線のルートが入り込む余地はなかった。また、熊本駅前後の跨線道路橋の上を越すことを考えると熊本駅高架橋は3層以上の高さの高い構造となる。新幹線駅を併設すると、熊本駅西側にある在来線車両基地の全面移転が必要となる。

何度となく踏査をしたが、新幹線単独での熊本駅への進入ルートの確保は出来なかった。しかし、よく見ると、上熊本～熊本間には踏切が多く、かつ踏切では道路渋滞があり、熊本駅周辺には古い建物が多く集まっていた。そこで新幹線単独でなく、地元の振興策となる都市計画事業と一体として行えば、新幹線ルートの確保も可能ではないか、となった。

鹿児島本線上熊本～熊本間の連続立体交差化事業と周辺の都市再開発事業とを、新幹線建設工事と同時に併せ行うことであった。在来線の高架化に伴い熊本駅前後の跨線道路橋を逆に地平に戻せば、熊本駅高架橋も高層とならず2層高架で済む。まず、地平で走っている鹿児島本線に並行して線路増設の用地を都市計画事業として確保する。次に、その用地に高架橋を建設し、鹿児島本線を移し立体交差化する。そして鹿児島本線跡地に新幹線高架橋を建設する、という手順で行うことを考えた。熊本県・熊本市が、連続立体交差事業の実施を建設省に強く働きかけた結果、1996年（平成8年）4月、建設省の高架事業補助調査の対象に指定され、1999年（平成11年）4月には、高架事業実施の次のステップである着工準備採択と続き、大きく動いた。

計画上の問題点は高架化の区間と工期であった。連続立体交差事業の費用負担は、鉄道事業者と都市計画事業施行者により負担することになっている。既設設備を高架化する工事費に関しては、鉄道事業者が踏切除却等の受益相当（九州では5％）分を、残りの費用を都市計画事業者である国と地元自治体とで2対1の比率で負担することになっている。また、鉄道施設である車両基地・貨物設備等の移転費については、移転先の用地取得費は鉄道事業者が、施設移転費用は都市計画施行事業者が負担することになっている。

国の踏切立体交差化予算にも限りがある。当然のことながら、建設省都市局は、必要最小限の長さの区間で、ということになる。当初から、熊本駅から上熊本駅へ向けて3・3

km案、4km案、6km案の3案があった。3・3km案では既設の跨線道路橋（段山陸橋）の手前までの高架化で、新幹線はその上を越えねばならなくなる。4km案はその陸橋を越えたところまでであり、6km案は上熊本駅の先、市街地の外れまでである。4km案では、陸橋から先、上熊本周辺2kmの市街地は新幹線単独での施工となってしまう。なんとか6km案とならぬものかと願った。

まず、鹿児島本線約4km・豊肥《ほうひ》本線1kmの連続立体交差事業が、2001年（平成13年）3月に都市計画決定され、翌年4月の都市計画事業認可を受け、熊本県・熊本市・JR九州・日本鉄道建設公団の4者が基本協定を結び、熊本駅付近連続立体交差事業は着工となった。その後、熊本県・熊本市の尽力、地元選出国会議員の支援により、懸案の都市計画区間の6kmへの延伸が、2003年（平成15年）に認められ、九州新幹線の熊本駅進入ルート実現の目途が立った。

都市計画決定に先立つ関係者間の協議の場で、「九州新幹線熊本駅の開業は連続立体交差事業着手後25年目となる」との工程試案が示され、「なにを！」との議論となった。そこから、新幹線開業時期の前倒しに向けて、関係者間の検討が始まった。その結果、新幹線開業を優先し、それまでの「新線用地敷きを確保後、まず在来線を高架化し、その跡地に新幹線高架橋を建設する」との手順から、「まず新幹線高架橋を作り、その後、新幹線高架の下に在来線を仮移転し、引き続き在来線敷に在来線高架橋を建設する」との手順へと変更になった。

熊本駅構内西側にあった支障する在来線車両基地（JR九州熊本運輸センター）の移転も工程確保への課題の一つであった。山陽新幹線建設工事でも、鉄道施設の移転は列車運行と密接に関連するだけに、どこでも時間を要し工事工程のネックとなっていた。移転先候補地は、熊本駅より約1・5㎞鹿児島方のJR貨物・貨物駅を配線変更して生み出す更地であった。連続立体交差事業においては、いずれにしても、支障する車両基地の移転先用地の確保は鉄道事業者の負担となっている。そこで、先行して、JR貨物の熊本貨物駅改良計画に合わせ移転先用地の確保にとりかかり、連続立体交差事業の都市計画事業認可がなされた時には、既に移転先の更地化は完了しており、車両基地移転工事は直ちに着手となった。これだけでも約2年間の工期短縮であった。

２００２年（平成14年）都市計画事業認可、8年目の２０１１年（平成23年）春に九州新幹線熊本駅開業となり、14年目の平成２０１５年（平成28年）度に在来線高架化が完成し、熊本駅西土地区画整理事業も完成となった。

シラス台地の造成団地直下を抜いて新幹線は鹿児島中央駅へ

鹿児島市の新幹線駅は、最初から、鹿児島市の中心市街地に近く鉄道路線始終点でもある西鹿児島駅併設案しかなかった。論点は、新幹線駅を在来線ホームに並行させるか、もしくは、在来線ホームの上を直交させるか、であった。並行案では、上伊集院《かみいじゅういん》駅付近から在来線に沿っての進入ルートとなる。この案では、鹿児島から先への延伸の可能性を残すが、市街地の用地買収区間が長くなる。一方、桜島に向かって進入して来る直交案では、その先への延伸はない。だが、トンネルを出て約７００ｍの明かり区間だけで西鹿児島駅に到達し、用地買収区間が短い。そこで、九州新幹線は鹿児島止まり、と割り切って直交案を採ることとなった。

問題は、新幹線が鹿児島市街へ顔を出す薩摩田上トンネル（３２８７ｍ）の地質が、鹿児島県内特有のシラス台地であり、かつ、トンネルが造成住宅地の直下を抜いていることだった。シラスは、約２万２０００年前の姶良《あいら》カルデラ生成に伴う火砕流の堆積物である。地山のシラスは堆積時の熱によって、わずかに溶結組織を有しそれなりの強度を持っている。しかし、ある限度以上の水分を含むと急激に脆くなり崩壊しやすくなる。それゆえ、降雨時や地下水位が高い場所での工事及びその後の保守に対し警戒を要する。

住宅地でのトンネルの土被りは25～70ｍであるが、河川の浸食により形成された旧谷部をシラスで盛土した箇所もある。その中をトンネル断面が通過する場合もあり、工事中のトンネル崩壊や住宅地表面の崩壊が危惧された。薩摩田上トンネルの地下水位は、トンネル上部半断面の上位に位置する範囲が約８００ｍ、トンネル底面より上位に位置する範囲が約１４００ｍとなっていた。トンネル掘削にあたっては、陥没などの重大事故を防ぐため、補助工法としてトンネル上部を事前に鋼管でアーチ状に覆うパイプルーフ工法を併用し、また、地盤補強として地下水の影響を遮断するため掘削断面＋５ｍまで薬液注入などを行うこととした。１９９８年（平成10年）２月、博多方横坑より掘削を開始したが、翌１９９９年（平成11年）７月には鹿児島方坑口からも掘削し、着実に一歩一歩と工事を進めた結果、２００２年（平成14年）３月に無事完成した。

シラス地帯では、トンネル路盤コンクリートに接する地盤のシラス層が流水により内部浸食を受けることが懸念された。それだけに、「山陽新幹線開業後のトンネル路盤からの噴泥状況を２度と繰り返してはいけない」との思いだった。この課題を解決するため、JR九州とも打ち合わせ、樗木武・九州大学名誉教授の指導を受け、シラス粒子が流出しない程度の流速によりトンネル内の湧水を集水する方法として、透水性が良くかつ強度の

建設工事中の九州新幹線鹿児島中央駅。2002年4月24日

建設工事中の水俣川橋梁。左は在来線の鹿児島本線（現・肥薩おれんじ鉄道）を走る475系電車の普通列車。2002年4月25日

高い水砕スラグを使用した透水性路盤型トンネル方式を採用した。九州新幹線新八代〜鹿児島中央間開業以来、シラストンネル内での噴泥の発生はない。ただ、長期にわたる実績のない新しい構造なので、今後も引き続き長期にわたり、変状の有無・透水性・耐久性など、その性能を定期的に確認して行くことが肝要である。

博多駅に見る国鉄時代の新幹線駅からJRの新幹線駅への変貌

国鉄は、博多駅の新幹線ホームは、九州新幹線が開業しても、博多開業時の2面4線で対応出来るとしていた。しかしながら、国鉄が分割され別々のJRとなると、山陽新幹線はJR西日本、九州新幹線はJR九州、それぞれが独自に列車ダイヤを作成し運行するようになる。山陽新幹線も九州新幹線も、どちらも、博多駅での折り返しが基本となり、博多駅のホーム容量は不足する。

山陽新幹線博多駅はJR西日本のホームであり、九州新幹線を運営するJR九州には、博多駅で自由に折り返し列車を設定できるホームはない。2004年（平成16年）6月、博多駅に九州新幹線ホーム1面2線（16両1線・8両1線）を増設するという工事実施計画変更が認められた。だが、新幹線1面2線の増設にあたっては、博多駅構内に余地がないことから、ＪＲ九州は、既存の在来線5面11線を４面９線まで縮小することで、建設用地を生み出した。在来線現行ダイヤ確保のため、引き上げ線の増設や隣接する竹下駅において通過線の増設などを行っている。

既設の博多駅在来線高架橋を取り壊さず、既存高架橋に鋼桁を継ぎ足し、山陽新幹線と線路高さを揃え、九州新幹線構造物へ転用することとした。調査の結果、既設高架橋には強度不足や施工不良及び経年による劣化等は見られず、国鉄時代に厳密な施工管理の下、非常に良質かつ入念なコンクリート施工が行われたことが確認された。さらに、耐震性確保のため、新耐震基準により、柱については、せん断補強のため鋼板巻き立てを行い、基礎フーチング部地盤には恒久注入材による改良を行った。２０１１年（平成23年）３月、九州新幹線博多～鹿児島中央間全線開業時に、新幹線博多駅は3面６線となった。

ＪＲ九州は、九州新幹線開業の日に、ＪＲ博多シティ開発プロジェクトとして、新博多駅ビル（地上10階・地下３階）を開業している。新幹線線路敷地に接する在来線盛土部分約７０００㎡（線路方向約１００ｍ×直角方向約70ｍ）の線路上空及び線路下を開発し、ビル内部に線路を抱き込む構造としている。

ＪＲ九州は、２００１年（平成13年）４月、九州新幹線博多～鹿児島中央間全線がフル規格での建設が認められた折に、車両の運行責任を果たすために、新幹線車両の点検・検査・修繕は、自社の車両基地で行うこととした。そこで、九州新幹線の総合車両基地を、博多～鹿児島中央間で上り下りの列車本数が最も多くなるのが熊本駅であることから、効率を重視して、熊本駅から南約10㎞の熊本県富合町に設置されることとなった。

1986年（昭和61年）8月、国鉄が申請した九州新幹線工事実施計画書では、博多～熊本間（98㎞）の停車駅は、久留米と新大牟田の2駅で駅間平均距離は32・6㎞であった。だが、全線開業時の博多～熊本間の停車駅は、新鳥栖・久留米・筑後船小屋・新大牟田・新玉名の5駅となり、駅間平均距離は16・3㎞となっている。国鉄時代は、駅の設置間隔はある程度の表定速度が維持されることをひとつの目安としていたが、JR発足以後は、駅設置にあたり、総体的に「なるべく多く集客する」との視点が大きく働いている。

【長崎ルート】

九州新幹線長崎ルート（福岡市～長崎市間）約120㎞は、在来線特急に比べ、時間短縮効果が少ないことから、なかなか着手に至らずにきた。そこで、建設コストを抑える観点から、在来線の高速化改良を基本に計画し、当初は、鹿児島本線鳥栖駅で分岐して長崎線に入り、佐賀駅を経て、佐世保線・大村線を経由して長崎本線諫早駅から長崎駅に入るルートが構想された。

だが、これでは時間短縮効果が小さいことから、地元は武雄《たけお》温泉～諫早間を短絡する新線を提案。１９９２年（平成４年）までに、路盤構造は新幹線規格だが在来線と同じ線路幅の狭軌による「スーパー特急方式」による整備の方向となった。同ルートは、２００４年（平成16年）末の政府・与党合意で新規着工が決まったものの、並行在来線（長崎線肥前山口～諫早間）の取り扱いをめぐり地元調整が難航し、着工できない状態が続いた。

しかし、２００７年（平成19年）末に、ＪＲ九州と佐賀・長崎の両県とが、並行在来線をＪＲ九州から経営分離することなく、ＩＲ九州が全区間運行することで合意した。国土交通省は収支採算性や投資効果を検討した結果、ＪＲ九州にとって過度の負担とならないことを確認し、政府・与党もこれを新幹線着工に向けた基本要件完備と認めた。建設主体の鉄道・運輸機構が、暫定整備計画に基づく新幹線規格新線（スーパー特急方式）として、２００８年（平成20年）３月に九州新幹線長崎ルート（武雄温泉～諫早間45・７㎞）の工事実施計画を申請し認可された。

さらに4年後の2012年（平成24年）6月、未着工3区間の一つであった、九州新幹線長崎ルート（武雄温泉〜諫早〜長崎間61㎞）も、暫定整備計画のスーパー特急方式から全線フル規格新幹線へと変更され、改めて認可着工となった。

武雄温泉〜長崎間の計画によると、駅は武雄温泉・嬉野《うれしの》温泉（仮称）・新大村（仮称）・諫早・長崎の5駅を設け、同時に、佐世保線肥前山口〜武雄温泉間（12・8㎞）を複線化する。

車両は、車輪幅を変えて新幹線と在来線双方を走れる軌間可変電車（フリーゲージトレイン）を日本の鉄道で初めて採用し、博多〜長崎間は現行より26分短縮して1時間29分で結び、開業予定は2022年（平成34年）度として技術開発が進められている。

なお、開発目標は、①電動台車での安全な軌間変換、②新幹線において270㎞／hの安全・安定走行、③在来線において、直線部で130㎞／hの安全・安定走行、曲線部で現行特急車両と同等の速度での安全・安定走行、④耐久性の評価に基づく保全性・経済性の分析・検証であり、新技術の可否は、有識者による評価委員会で見極めることとされている。

北海道新幹線新青森～新函館北斗間開業の出発式。2016年3月26日。新函館北斗駅

第7章　北海道新幹線

[青函トンネル]

東海道新幹線開業の年から始まった調査坑の掘削

１９５５年（昭和30年）２月、国鉄は、国内のトンネル技術に関する権威者を網羅して、「津軽海峡連絡隧道技術調査委員会」を設置し、本格的な調査を開始した。同年夏には、２万分の１の海底地形図の完成に合わせ、海底から岩石を採取するドレッジングを実施するとともに、陸上部でも多数のボーリングを実施し、特に地質構造が複雑な津軽半島北部の地質調査を工業技術院地質調査所に委託した。委員会は、１９５６年（昭和31年）５月、「本海底隧道は、まず海底部に先進導坑を進め、地質不良箇所はセメント注入を充分行い、地質良好区間と同様に新規工法を用いずして掘削可能である」と報告し、地質調査と施工法の研究を提言した。

１９６２年（昭和37年）10月、委員会隧道施工部会は、間接的な調査の繰り返しでは大きな成果は期待できないので、調査用に試掘をするのが効果的であるとし、同年12月に試験坑の位置を北海道側は吉岡、及び、本州側は竜飛《たっぴ》付近で実施することで意見一致した。

国鉄は、１９６３年（昭和38年）８月の理事会において、吉岡に延長１２１０ｍ、竜飛には延長１３１５ｍ、それぞれ調査斜坑を掘削し、その斜坑底から海峡中央に向かって１０００分の３の上り勾配で調査水平坑（先進導坑）を３㎞程度掘進することを正式に決定した。

青函トンネルの特異点は、海底下でしかも延長が非常に長いことにある。坑内への湧水は無限の海水とつながっている可能性があり、まずは、湧水の位置・水圧・水量・湧水地点の地質など正確な資料が必要となる。これらのデータをあらかじめ知る方法としては先進ボーリングが一番確実であり、しかも、できるだけ長尺化して、切羽からできるだけ前方の地質状況を予知する必要がある。また、止水工法としては注入工法が基本となるが、最適注入工法の開発、すなわち注入材料・注入パターン・施工機械・施工法の開発が不可欠であった。

１９６４年（昭和39年）３月23日、日本鉄道建設公団が設立され、青函トンネル関連業務すべてが公団に引き継がれた。公団は、同年５月から吉岡調査坑を直轄体制で掘削を開始し、竜飛調査坑は、取り付け道路に時間がかかり、翌年３月、やはり直轄体制で着手した。

調査水平坑は、１９７１年（昭和46年）３月までに、北海道方１７８２ｍ、本州方１７８ｍ、合わせて1960m掘削して調査を完了。日本鉄道建設公団は、同年4月に最終報告書を運輸大臣に提出した。報告書の結語では、「本海底トンネルの総延長は、地形、地質、勾配を考慮すれば約54km（海底部約23km）となる。その掘進に当たっては、海底部に先進導坑及び本坑に並行した作業坑を先進せしめ、水平ボーリングによって前方の地質状況を確認しつつ、湧水箇所はセメントを主体とする注入を行って止水し、特に破砕帯等地質不良箇所は特殊工法により、他の大部分の地質良好区間は、一般の山岳トンネルに用いられたと同様の工法により掘進することが可能である」と述べている。なお、報告書の中で、トンネル工期は準備期間を含めておおよそ8年、工費は軌道・電気等を含め総額約2000億円と推定している。また、輸送需要は、1967年（昭和42年）度の旅客4・2百万人、貨物6・9百万トンに対して、1985年（昭和60年）度には旅客約2・2倍、貨物約2・5倍と見込んでいた。

新幹線を前提に進められたトンネル本坑の設計

津軽海峡線調査最終報告書の提出を受け、運輸大臣は、津軽海峡線を調査線から工事線へ変更し、同時に、「将来新幹線を通し得るよう設計上配慮しておかれたい」と公団に指示した。

青函トンネル海峡中央部の最小土被りは１００ｍとした。これは、海底炭鉱に対する石炭鉱山保安規則での海底下採掘禁止箇所の規定、及び想定湧水量と揚水経費の関係を参考に、施工上の安全を考慮して決めたものである。保安規則は、第四紀の層厚が５ｍ未満では60ｍ以内、海底の炭層露頭から当該炭層に沿い１００ｍ未満での掘採を禁止している。青函トンネルは、第三紀層の堆積岩が主であり、ルート上には全般に第四紀層の堆積は認められない。また、湧水量は、土被り70ｍまでは急激に減少するが、１００ｍを超えると緩慢になる。

トンネル断面は新幹線型の複線断面（幅10ｍ・高さ7・5ｍ）とした。単線２本並列案と複線１本案とが考えられた。新幹線型の円形断面では、単線型は半径４・４ｍ、複線型は半径5・6ｍで、単線２本の掘削・覆工コンクリートの数量は、単線型２本の方が、複線型１本より20～30％多くなる。海底トンネルでは、ひとたび出水の場合は、山岳トンネルと異なり、無限の水と闘うこととなるので、きわめて慎重に注入を行いながらの施工となる。２本掘ることとは、その作業を2度繰り返すことになる。地質不良箇所では、いずれの場合も、全断面を同時に施工することは不可能であり、分割施工で対応せざるを得ない。工期も工事が輻輳し1年延びるものと推定された。種々検討の結果、複線型1本が有利と考えられた。

計画最高速度は、新幹線260km／h、在来線110km／h。軌道は新幹線・在来線共用の3線軌条方式を前提として検討した結果、線路の最小曲線半径は6500m、トンネル内最急勾配は1000分の12となり、両陸上部を含めた青函トンネル延長は53km850mとなった。

異常出水と闘った海底部のトンネル掘削、そして技術開発

海底部の延長は約23km、海峡両岸から中間点での貫通を目指し、高圧無尽蔵の湧水を止める手立てを講じながら、慎重に、慎重に掘り進むしかない。地質・湧水状況把握のための前方予知手段としての先進ボーリングを行い、次に、止水・地山補強のための地盤注入、そして掘削後の地山が緩まぬよう迅速にライニングするための吹付けコンクリートの施工という手順である。

●地盤注入工法の開発

トンネル構造物だけで水圧に対処する防水密閉型のトンネルは、構造的にも施工的にも

現実的でなく、それは、完成後の維持管理からも問題であった。基本的にはトンネル断面を取り巻く周囲の地山への注入によって、トンネルの内空断面より数倍の厚さのトンネル保護層となる止水ゾーンを形成し、水圧はこの止水ゾーンで受けることとした。これにより、海底トンネル部は、通常の山岳工法で施工することが出来ると考えた。

この止水ゾーンの厚みは、工期及び完成後の揚水費に多大な影響を与えるので、適切な注入域の設計・効率的な注入工法の開発は、青函トンネル工事の成否を握る重要事項であった。

注入技術の開発は、1958年（昭和33年）に函館付近の渡島《おしま》大野における注入試験工事に始まる。その後各地の地層において、注入の有効性の確認や注入材料の研究が続けられ、1964年（昭和39年）頃には、セメント注入を主とし、水ガラス系のLW注入工法を併用すれば、青函トンネルを建設することが可能との結論が得られていた。

●4度の異常出水

本州方、北海道方、それぞれから掘り進んだ先進導坑は、ほぼ海峡中央部で、1983年（昭和58年）1月27日に貫通した。1967年（昭和42年）3月の吉岡斜坑底からの調査水平坑掘削開始から、海峡部23kmの貫通に16年かかったことになる。1985年（昭和

60年）度にはトンネル本体の構築は終わり、軌道・電気等の開業設備の工事へと移って行った。

この間、坑内が水没・土砂流出に遭う異常出水が4度あった。最初の異常出水は、本州方の竜飛斜坑掘削中、坑底近く、安山岩破砕帯（E15断層）で、1969年（昭和44年）2月13日におきた。湧水圧24～25kgf／cm^2・最大11m^3／分の湧水で、斜坑196mが水没した。復旧、掘削再開は7カ月後の9月15日。その後、異常出水は3度あり、全て作業坑掘削中の断層破砕帯にて起きている。

特に北海道方の2度が難航した。北海道方の作業坑は、吉岡斜坑の途中から竜飛方に向けて延長2620m間は、調査補助坑として公団が直轄施工し、それ以降は請負共同企業体（JV）の施工となった。その引き継ぎ地点は、海底部では顕著な断層の破砕帯にあり、強大な膨圧地帯であった。

海峡部吉岡方から約5・3km地点で、1974年（昭和49年）1月8日に異常出水が起きた。凝灰岩（砂質）の破砕帯切羽からの最大11m^3／分の湧水で、作業坑は880m水没し、60mが土砂で埋没した。排水し地山への注入固結を図り掘削再開となったのは、1年後の１９７５年（昭和50年）１月20日であった。作業坑が、それから１㎞ほど掘り進んだ海峡部吉岡方から約５・３㎞地点で、凝灰岩破砕帯の切羽から最大湧水量70㎥／分という、最も規模が大きく危機的状況に至った異常出水が、１９７６年（昭和51年）５月６日に発生した。作業坑３０１５ｍ、本坑１４９３ｍが水没し、作業坑74ｍが土砂に埋まった。復旧は５カ月後の１９７６年（昭和51年）10月15日であった。

竜飛方工区でも、海峡部竜飛方から約３・４㎞地点で、１９７４年（昭和49年）12月５日、玄武岩が貫入の凝灰岩破砕帯の切羽より最大湧水量６㎥／分の異常出水があった。１３０ｍ水没、土砂流入で70ｍ埋没。迂回坑を掘り６カ月後、１９７５年（昭和50年）５月30日に復旧した。

●直轄部隊

調査抗工事及び先進導坑工事は、未知の海底での掘削であり、普通の請負方式で工事を発注することは、予算・工期の設定が難しく、精算払い方式とも行かなかった。そこで、調査坑工事は、公団が直接施工する直轄方式を採用することとなった。当時、国鉄岐阜工事局に唯一つの直轄工事体制が存続していた。ちょうど、１９６４年（昭和39年）７月末には、直轄部隊が手掛けていた北陸本線親不知《おやしらず》トンネル（４５３６ｍ）南工区が終了するところであった。

国鉄の直轄施工体制は、戦前、請負会社の資本力が弱く、機械化による技術革新や難工事の長大トンネル工事の施工が困難であった時代に、鉄道省が直轄施工を行うことから始まった。関門トンネル調査坑及び海底部、北陸本線深坂トンネルなどを手がけ、戦後は、直轄部隊を復活させたが、多くは散り、組織化が難しく、岐阜工事局にだけ残っていた。直轄部隊は、戦後も、紀勢線、神岡線、北陸本線などの難しいトンネル工事を施工し、多くの成果を残してきた。この直轄部隊は、文字通り岐阜工事局の管内でしか働いたことがなく、青函トンネルでは、国鉄の工事局と異なり、公団ともなれば組織も違っていた。先祖代々の地を離れ、家族ともども北海道に移住することは、大変な決心を必要とすることだった。

それでも、勧誘説得に応じ、1964年（昭和39年）3月の公団発足と同時に、土木・機械・電気の各号令以下の主要メンバー第1陣18名が吉岡に到着し、直轄施工による調査坑の掘削を始めることが出来た。そして、1965年（昭和40年）7月には、合計78名となり、竜飛調査坑も掘削を開始し、彼等が青函トンネル直轄部隊の中核となって行った。

直轄部隊は調査坑工事から、引き続き、本坑の先進導坑の掘削を担当することとなった。

工事の進捗に伴い、直轄作業員の募集を行ったが、当初は応募者が少なかったものの、炭鉱、鉱山の閉山が相次いだことから、応募者が多くなり、ピーク時の１９７８年（昭和53年）度には８００人となった。先進導坑貫通後の１９８３年（昭和58年）３月31日で、日本鉄道建設公団の直轄施工は終了となった。

津軽海峡線青函トンネル全長53・８５０㎞での工事期間中の死傷者数は１４７２名、そのうち死亡33名であった。海峡部23・３００㎞の竜飛工区・吉岡工区だけでは、死傷者１２８７名、そのうち死亡者23名と、それぞれ全工区での85％を占めている。なお、直轄をふくむ公団施工部分では、死傷者８２９名、そのうち死亡は11名であり、死傷者数は全工区での半数以上、死亡者数では３分の１を占めており、直轄部隊が難しい工事を担ったことを示している。

１９８８年（昭和63年）７月、竜飛の津軽海峡を望む丘に、青函トンネル工事関係者一同の名で、「ねがわくは、この工事に英知と情熱を傾けむけながら、青函トンネルの礎となられた方々の永遠に安らかならんことを」と刻んだ碑が建てられた。

列車火災対策で誕生した竜飛と吉岡の海底駅

トンネル内で列車火災が発生した場合は、北陸トンネル火災事故の反省から、列車はトンネルを走行脱出し、旅客等を安全な地域に誘導することとなっている。しかし、青函トンネルでは、列車がトンネル内に停止せざるを得ない事態も想定される。

青函トンネルを3分割して、在来トンネルと同様な長さとし、この分割点を定点と位置付け、この定点に明かり区間とほぼ同程度の避難環境を有する火災対策を施すことにより、基本的に従来と同様の取扱マニュアルで、同程度の安全性を確保することとした。定点の位置は竜飛と吉岡の斜坑~立坑間の2カ所とし、この2カ所が竜飛・吉岡両海底駅となった(現在は駅としては廃止)。乗客が降車できるよう側壁に通路を設け、40m間隔の連絡誘導路を通り作業坑へと、100~150ルクスの照明で退避できる。列車走行の発生熱や保守用ディーゼル車の排気ガス対策として換気設備を設置し常時換気を行うとともに、火災時の排煙機能をも可能とした。初期消火を目的とした「消火栓」を設置するとともに、周辺及び車両を冷却することにより他への延焼を防ぐため、油及び電気火災を考慮し、「水噴霧設備」を設けた。なお、水噴霧は、車両を包含し特に車両下部への放水に重点をおいた。消火用水は電気伝導度を考慮して真水とし、貯水槽は坑外の既設貯水槽を整

異常出水によって水没した青函トンネル本坑。1976年5月14日

開業前のED79形交流電気機関車と50系客車による試験走行。1987年12月8日。吉岡海底駅

備し、落差を利用した自然流下方式で40分以上の放水時間を確保している。

トンネル内にはＬＣＸを敷設し、列車無線及び作業用無線の難聴対策を図るとともに、沿線電話機及び非常用電話機を設け、さらに、避難誘導、消火活動を的確に行う案内放送設備及び監視用テレビを設置し、トンネル内の主要設備は、函館指令センターにおいて監視制御する。

火災列車が定点まで走行できずに途中で停車した場合の対応としては、海底部区間に本坑と並行している作業坑へ、５００～６００ｍおきにある連絡横坑から避難・救援し得るよう電話、照明、表示設備を設けている。列車火災の早期検知は、列車制御及び救援・消火活動を確実に行ううえで極めて重要である。車上火災の場合は、列車乗務員や乗客による発見・通報ができるが、床下火災の場合はそれが困難であるため、「地上による火災検知方式」を採ることとした。火災を検知する方法としては、熱・煙・炎等が考えられるが、検知対象が高速で移動する列車であることから、検知応答性の良い赤外線温度計を利用した装置を開発し設置した。また、これを補完するために、青函トンネル内に煙火災検知用として減光率式煙検知装置を設けるとともに、指令員が目視監視するための高速ＩＴＶ装置をも設置した。なお、この装置導入にあたっては、上越新幹線及び東北本線で実車による機能確認試験を行っている。

トンネルのあり方を決定づけた青函トンネル問題懇談会の報告書

先進導坑が貫通し、トンネルの完成が見えて来ると、折からの国鉄改革とも重なり、「青函トンネルをどうするのか?」との議論が沸き上がって来た。その建設資金をどう扱うかが国鉄債務処理の中で大きな課題となっていた。運輸省は、各界の有識者による「青函トンネル問題懇談会（斎藤英四郎座長）」を設け、青函トンネルのあり方についての意見を求めた。青函トンネル懇談会は、青函トンネル問題研究会（林周二委員長）の報告を踏まえ、慎重に検討を重ねた結果、１９８４年（昭和59年）４月、運輸大臣に次のような報告書を提出した。

「青函トンネルは早期に完成させ有効に利用すべきである。青函トンネルの資本費は、公的負担によらざるを得ない。トンネルの主たる利用方法は交通施設しかない。青函トンネルの利用方法は、国家全体の利益を図る観点から、政府全体として、より高度の見地に立ってこれをなすべきと考える。最終的には行政の最終責任者の段階で決断されるべきであろう。付記することとして、青函トンネルの運営主体は、効率的で、かつ、自主的な経営が可能な主体であること、及び、青函連絡船は、トンネル完成後、国鉄による経営を廃止することを、ともに検討すべきである」

当時、大蔵省主計局運輸担当主査より、「トンネルの掘り方は、技術者のあなたにお任せしますから、ただ一つ、青函トンネルの投資効果を、抽象的でなく具体的に説明して下さい」と言われ、弱ったことが思い出される。

1988年（昭和63年）3月13日、青函トンネルを含む津軽海峡線が開業した。取り付け陸上部分を除いた青函トンネルのみの総工事費は、調査坑等工事費137億円を含めた当初工事実施計画予算（1971年9月認可）の2014億円から、開業時における実施計画予算（1986年3月認可）では5384億円へと3370億円の増額となっている。このうち石油ショック等物騰による増額が2438億円と約70％を占めている。

1988年（昭和63年）度までの津軽海峡線の全体の総決算額は、青函トンネル5212億円、本州側取り付け部702億円、北海道側取り付け部650億円で、総額6564億円。建設期間中の利子等を含めた資金総額は1兆7336億円。その資金総額のうち、資金運用部資金2332億円、民間借入金1248億円、政府引受債64億円、政府保証債4033億円、特別債2609億円など有償資金が96％の1兆286億円。出資金等の無償資金は４％の４５０億円のみであり、青函トンネルがほとんど借金で造られていたことになる。結局、青函トンネルのすべての債務額１兆７３６億円は、１９８８年（昭和63年）3月13日の開業日に、日本国有鉄道清算事業団へと承継された。

海底トンネル保全のために行われている数々の改修工事

トンネル内は、継目の部分などから、毎分計24トンの漏水がある。海底部分の３カ所に排水基地が設けられ、計12基のポンプがある。特に、トンネル建設工事中の１９７７年（昭和52年）に設置された、第３基地（ポンプ６台）は、北海道寄りの吉岡海底駅のさらに下に位置し、トンネル建設海面から２８０ｍ下、最も深い場所にある。本州方にある第１基地（３台）、第2基地（３台）で汲み上げられなかった海水が第３基地に流れこむ仕組みで、トンネルを水没から守る最も重要な役割を果たしている。これらの排水設備について鉄道総合技術研究所等が、あと何年くらい持つかを調べた結果、特に第２・第３基地は5年以内に取替えが必要と分かった。塩分を含んだ湿気にさらされた計器類も傷みが早く、送風機、列車火災検知機、変電設備、ＡＴＣ・ＣＴＣコンデンサーなども5年以内に交換を要すとなった。

試算によれば、費用は、5年以内で約100億円、20年間では約800億円と想定された。津軽海峡線の鉄道施設の維持管理については、1988年（昭和63年）3月の開業に際して、日本鉄道建設公団が行う海底部トンネル本体を除いては、JR北海道の負担により同社が行うこととなっていた。しかしながら、青函トンネルの果たしている役割及び青函トンネルを使用しているJR北海道の経営の安定化の観点から、国がその費用の3分の2を負担する高い補助率が適用されることとなった。財源措置として、「鉄道防災事業費補助交付要領」を改正し、新たに「青函トンネルの改修工事」を補助事業対象に組み入れることで確保されている。

青函トンネルは海底という特殊性から、開業以来、トンネル内空形状の計測、監視を行ってきている。2017年（平成29年）2月に、本坑掘削に先駆けて地質の確認のため掘削されたトンネルで、現在は青函トンネル内の排水、換気に使われている函館方の先進導坑の一部において、「盤ぶくれ」や「内空断面縮小」などの変状が確認された。そこで、トンネル内からロックボルト（棒状の鋼材）を打ち込み、周辺地盤と一体化させることにより、トンネル強度を上げる工事を行っている。

［新青森〜札幌間］

青函トンネルで初めて実現した旅客（新幹線）と貨物（在来線）の共用走行

２０１６年（平成28年）３月の北海道新幹線新青森駅〜青函トンネル〜新函館北斗駅間（約１４０㎞）開業に伴い、津軽海峡線新中小国《しんなかおぐに》信号場〜木古内間（約82㎞）で、新幹線と貨物列車との共用走行がスタートした。１日当たりの運行本数は、JR北海道の新幹線28本、JR貨物のコンテナ列車51本と貨物列車の方が多く、青函トンネル内を中心に、１日当たり上下33本のすれ違いが発生し、新幹線の貨物列車追い抜きも６回ある。

新中小国信号場〜青函トンネル〜木古内間は３線軌条の共用走行区間となり、新幹線と在来線が線路を共有している。現状システムで列車が走行するのであるならば、到達時間を犠牲にしてでも、青函共用走行区間での新幹線の速度は、在来線特急列車とほぼ同等の１４０㎞／ｈとすることで、現状と同等の安全性の確保を図ることとなった。

共用走行区間は交流２万５０００Ｖ、前後の在来線区間は交流２万Ｖと電圧が異なり、保安装置や列車無線装置も必要なため、JR貨物では複電圧方式のＥＨ８００形交流電気機関車を開発、共用走行開始に合わせ20両を投入し、既存のＥＨ５００形交直流電気機関車を全て置き換えた。

ＪＲ北海道は、新幹線タイプの貨物車両に在来線貨物車両をそのまま積み込む、いわば「親亀の背中に子亀を乗せる」発想の「トレイン・オン・トレイン（ｔ／Ｔ）の実現を目指している。実現すれば、青函トンネル内の３線軌条の１本は無くなり、標準軌道に統一される。さらに、自家用車も自走式で出し入れでき、カートレインとしての運行も期待できる。一方、青森と函館の両岸壁を使って、「青函貨物連絡船を復活せよ」との声もある。

80％近くがトンネルとなる函館～札幌間の新幹線ルート

札幌から対本州・道南方面への旅客輸送のメインルートは、１９６０年（昭和35年）頃から、急峻な函館本線小樽・倶知安《くっちゃん》経由から平坦な千歳・室蘭本線経由へ変更となった。産炭地から室蘭港への石炭輸送線として開業した室蘭本線は、石炭輸送の増強のため、戦後に複線化が進展した。１９６１年（昭和36年）10月、道内初の特急「おおぞら」が運転を開始したとき、海沿いの緩勾配と複線の優位性から室蘭本線経由が選択され、これにより、山線こと函館本線倶知安回りとの幹線輸送の関係が逆転することとなった。

北海道新幹線の基本計画が、１９７２年（昭和47年）７月３日、「起点・青森市、終点・札幌市、主要な経過地・函館市付近」と決定された。次の整備計画決定では、札幌までのルートを、「小樽経由の北回りルート」とするか、「室蘭・苫小牧経由の南回りルート」とするかだった。長万部から室蘭本線・千歳線に並行する南回りルートは、沿線人口は多く、冬季の降雪量も少ない。南回りルートをとると、旭川への延伸を考えた時、新幹線札幌ターミナルを、未開発の札幌市東部に作らざるを得ないこと、また、活発に活動中の有珠《うす》山や樽前《たるまえ》山の山麓を通ることにもなる。一方、長万部《おしゃまんべ》～札幌間の延長を比較してみると、南回りルートの新幹線実キロ２０６㎞に対し、北回りルートは同１２５㎞であり、北回りルートの方が約80㎞も短い。東京～仙台～道南～札幌間で航空機とスピードを競うことを考えると、やはり、距離の短い北回りルートの選択となる。

１９７３年（昭和48年）11月13日決定の整備計画では、「起点・青森市、終点・札幌市、延長３６０㎞、備考欄に函館市付近、小樽市付近経由」と記された。そして、その２日後の11月15日付で、北海道新幹線の基本計画が、「起点青森市、終点旭川市」と変更されるとともに、北海道南回り新幹線の基本計画が、「起点・長万部町、終点・札幌市、主要な経過地・室蘭市付近」と追加決定されている。

函館から札幌までのルートは、区間全長211kmの内、当初計画では76%がトンネルである。新函館北斗駅を出てすぐの渡島トンネル（32・675km）は、開業すると国内最長の陸上トンネルとなる。それから先も、延長8kmから19kmに及ぶ長大トンネルが続く。途中には4駅が新設される。新八雲駅は、在来線八雲駅から西3km地点の地平駅（相対式2面2線）。長万部駅は、函館本線と室蘭本線との分岐駅で、在来線の西側に高架駅（相対式2面4線・上下待避線含む）。倶知安駅は、倶知安町の要望を踏まえ、横断道路を含めた線路構造の検討を行った結果、地平駅から高架駅（2面2線）へと変更している。新小樽駅は、在来線の小樽駅から直線距離で南約4kmの北海道横断自動車道に近い位置にある。地元は、関東・東北・道南への「小樽は新たな玄関口」とのコンセプトで、人口、市街地からの距離等、同じような条件の山陽新幹線新尾道駅周辺の事例などを参考に、街づくりを進めている。

トンネルを出て札幌付近までのルートは、函館本線沿いに、琴似《ことに》付近より、当初は高架橋の計画だったが、市街地への影響を抑えることから、札幌駅近くまで地下トンネルに変更している。その結果、函館〜札幌間の80%近くがトンネルとなった。

新幹線ありきの札幌駅高架化事業

札幌駅の高架化事業は、踏切の渋滞解消、札幌駅前南北一体化による街づくりなどの観点から、１９６４年（昭和39年）頃から要望され、札幌駅周辺連続高架化事業として、１９７６年（昭和51年）に都市計画決定され、翌年に事業認可（総事業費約９３０億円）を受け着工した。高架化事業区間は、函館本線手稲～苗穂間の内、札幌駅を中心として、西側手稲方に約５・１km、東側苗穂方に約２・１km、札沼《さっしょう》線は函館線と並行部分を含め桑園《そうえん》駅より約２kmの合計９・２kmに及ぶ。琴似・桑園・札幌の各駅は旅客専用駅として駅舎を高架下に収めた。高架化に伴い、函館線では16カ所、札沼線では３カ所の踏切が廃止、道路30本が立体交差化されることとなった。札幌駅周辺の高架化は、都市側の街づくり・街路計画・地下鉄計画等、すべて、新幹線ありきが前提の都市計画事業であった。将来の北海道新幹線札幌駅乗り入れを考慮し、在来線高架ホームに並行して、新幹線高架ホームも設けられるよう新幹線用空地が確保されていた。

札幌駅高架化は、１９８８年（昭和63年）11月完成した。札幌駅の構内配線は、北側の客留線１線を含む５面11線となり、東西２カ所の自由通路それぞれに改札口が設けられた。

その後、ＪＲ北海道は、札幌駅直結の札幌駅南口開発を計画し、２００３年（平成15年）

3月に、JRタワー（地上38階・地下4階）を中心とした商業施設を開業させ、今や、札幌の中心が大通地区から札幌駅へ移ってしまうほどのインパクトを与えている。

一方、札幌駅東側にJRタワーと駅ナカ商業施設、西側に百貨店が建てられたことにより、札幌駅部に確保されていた新幹線用地を塞ぐこととなった。

しかしながら、2012年（平成24年）6月認可の北海道新幹線新函館北斗〜札幌間の工事実施計画では、札幌駅在来線ホーム5面11線のうち南側の1番・2番線のホーム1面を新幹線用に転用し、在来線11番線用のホームを増設することとなっている。

やはり、北海道新幹線札幌駅ホームが在来線ホームと並び、その直下を横断する札幌市地下鉄とアクセスする構図こそ、札幌駅周辺の街づくりに太い背骨を通すことになる。

コラム

地政学で見るJR北海道の鉄道経営

2016年（平成28年）11月、JR北海道は、、同社単独では維持が困難な線区10路線13線区間を公表した。経営SOSの発信である。総延長は1200㎞で現路線の約半分にあたる。これら対象区間は、1日1㎞当たり輸送人員を表す輸送密度が1500人未満であり、国鉄改革時、国鉄再建法により、地方交通線とされた輸送密度8000人以下の路線のうち、さらにバス転換路線とされた特定地方交通線の限界輸送密度4000人をも大幅に下回る。一方、同じ年の10月、ＪＲ九州は、東京証券取引所（市場第一部）に上場した。経営が厳しいと見られてきた、いわゆる3島会社で初めての上場及び完全民営化であった。

ＪＲ北海道の鉄道営業キロは２４５９㎞。ＪＲ九州は新幹線２８９㎞を含んで２２７３㎞と、ともに２４００㎞前後で、鉄道営業キロでは大差はない。ともに本業の鉄道は、会社発足以来30年間赤字続きである。だが、両社とも、ローカル線の1日当たりの運行列車本数をばっさりと切らずに地域との絆を大事にしてきている。例えば、ＪＲ発足時の１９８７年（昭和62年）と現在とを比べてみると、ＪＲ北海道富良野線の富良野↓美瑛間（31・０㎞）は10本／日から12本／日、ＪＲ九州肥薩線の隼人↓吉松間（37・４㎞）は10本／日から16本／日と増えている。

それでは、どうして、両社の経営において明暗が分かれたのであろうか。それは、鉄道以外で稼ぐ場があったことと、加えて、新幹線効果があったからである。つまり、北海道と九州との間には地政学的な大きな違い、差があるからだ。

北海道の人口は５３８万人（２０１５年）、面積８万３０００㎢で、人口密度は日本で一番低い64人／㎢である。札幌都市圏への人口集中が激しく、道内１７９の自治体のうち、政令指定都市は札幌市（５３８万人）のみ、中核都市は旭川市（34万人）と函館市（26万人）の2市である。北海道の全人口は、１９６０年（昭和35年）頃から２０１５年（平成27年）までの55年間で約５００万人から約５６０万人と変わらず、現在では減少傾向に転じている。この間、札幌市の人口は、約52万人から約１９３万人と3・7倍増加し、札幌市人口が、北海道全体人口に占める比率も10％から36％へと大きく拡大し、他地域を圧倒している。札幌都市圏への人口

コラム

集中は、他の市町村の人口密度が減少することを意味する。家屋の密度が著しく低く、大区画でほぼ無人の畑地・牧草地が広がる大地を、どこまでも続く直線道路が横切っていく景観は、北海道特有のものである。そして、気温は氷点下、白い雪に覆われる厳しい冬がある。凍結と融解を繰り返す中で、設備は劣化し維持費もかかる。

一方、九州の全人口は約1300万人（2015年）、全面積3万7000㎢で、人口密度307人／㎢である。政令指定都市は、福岡市（510万人）、北九州市（96万人）、熊本市（74万人）の3市。中核都市は、鹿児島市（60万人）・大分市（48万人）・長崎市（43万人）・宮崎市（40万人）・久留米市（30万人）・佐世保市（25万人）の6市。そして、特例市として佐賀市（24万人）がある。九州は、北海道と比べると、北海道の45％の面積に、北海道の2・4倍の人口があり、人口密度は北海道の約5倍となっている。しかも九州全域にわたり大都市が広く散在している。九州には、台風はやって来るが温暖な青空の四季がある。

交通は人とモノの移動である。したがって、JR九州には、ビル・不動産・流通・外食等の事業展開の場が多い。JR北海道には、札幌一極集中のなか、駅ビル事業等を大きく展開できる場が、札幌以外はほとんどない。整備新幹線建設の現行スキームは、JRにとっては、赤字基調の並行在来線を切り離せ、線路使用料は受益の範囲内とされ、経営努力により増収が期待できる経営効果のあるシステムである。JR北海道が北海道新幹線札幌開業を目指す所以もここにあると思う。

終章

新幹線ネットワークのさらなる向上にむけて

たび重なる地震を経てさらなる安全性を追求する新幹線ネットワーク

●兵庫県南部地震（阪神・淡路大震災）

１９９５年（平成7年）１月17日5時47分頃、兵庫県明石海峡付近を震源（淡路島の北東約３㎞、深さ約20㎞）としたマグニチュード（Ｍ）７・２（震度7）の兵庫県南部地震が発生した。地震発生の5時47分は、幸いにも、山陽新幹線の始発列車発車前であった。新大阪駅から14～16㎞に位置する武庫川橋梁から六甲トンネル手前までの高架橋の大半が崩壊、２層ラーメン（枠組み）構造の柱部分が崩壊し、桁橋でも、桁を支えているラーメン橋台が崩壊し、橋台に載っている桁は地上に落下していた。観測された水平加速度は重力加速度の０・８倍（０・８ｇ）であり、これが高架橋に伝わるとさらに増幅され、固有振動数によって異なるが、大きい場合には２ｇを上回る水平加速度によるせん断力が作用したと考えられる。

山陽新幹線の高架橋は、関東大震災以降の震度法による水平震度０・２ｇ（２００～３００ガル）で耐震設計がなされていた。

我が国の耐震設計の研究は、１８９１年（明治24年）10月28日発生の美濃尾張地震（Ｍ８）を機に研究がはじまり、関東大震災（Ｍ７・９）で、浅草12階（凌雲閣）や6階建て鉄筋コンクリートビル（丸の内・内外ビル）、が破壊したこと等により、震災の翌年の１９２４年（大正13年）に、市街地建築基準法の改正に伴って耐震設計基準が採用された。関東大震災級を想定し、最大加速度を３００～４００ガルとしている。これは条文化されていないが、同法の解説書で、耐震設計の指針として使われた「建築物の構造規定」（建設省監修）に明記されているとのこと。

１９６８年（昭和43年）４月に、日本初の超高層ビルディング「霞が関ビル（36階建・高さ１４７ｍ）」が竣工した。特定街区制度の制定や容積制度の導入とともに、発達した電子計算機に助けられ、実際の地震波を入力しての動的解析法による柔構造の採用が超高層ビルの建設を可能とした。関東大震災で、数多くの建物が倒壊する中、上野・寛永寺の五重塔は何事もなかったようにその姿を保っていた。五重塔は、地面が揺れると心柱を中心とした多数の木組みが地震の揺れを分散・吸収する。これが、超高層ビル建築に受け継がれている柔構造理論の基礎である。

１９７１年（昭和46年）、ロサンゼルス近郊のサン・フェルナンド地震の被害で、高速道路などに大きな被害が出た。この被害で共振による増幅が広く知られるようになり、構造物の実際の揺れ方を計算で調べる「動的解析」の研究が進められた。

１９７８年（昭和53年）６月12日17時、宮城県沖地震（Ｍ７・４）が起きた。仙台市で震度５、最大加速度１０４０ガル（東北大学）が記録された。ライフライン等が停止し、人口65万人の大都市での初の都市型地震災害だった。国鉄線は全面運休となり、折から工事中の東北新幹線名取川橋梁の円柱橋脚の腹部にクラックが生じた。当時を良く知り、復旧にもあたった構造設計の専門家・石橋忠良は、次のように述べている。

「国鉄は、宮城県沖地震の後、１９８３年（昭和58年）に設計標準の改定を行い、最大応答加速度として１５００ガルまでを考え、変形性能を確保して大地震に対応できるものに変えた。ただし、その後に設計する構造物に適用するというのが、それまでの規定の考え方だった。すでに過去に造った構造物が大きな地震が来れば性能不足なのはわかっていたが、それほど大きな地震が来るとは、みな思っていなかった。阪神・淡路大震災後は、反省して過去に造った構造物にも耐震補強を行うこととなった。ただ、東海道新幹線だけは、最初から過去の構造物の耐震補強を行っており、設計では最大地震も１０００ガルから２０００ガルへと変えていた」

山陽新幹線高架橋の復旧は、上部構造の被害が軽微であることに着目して、既設の構造物を可能な限り再利用することを基本とした。ラーメン高架橋はほとんどの箇所で、上床版は健全なのでそのまま再利用することとし、損傷を受けた柱は、損傷度に応じてジャッキアップ、あるいは柱を再施工して鋼板を巻いて耐震性能を向上させる。落下した桁は、欠落した桁端部のコンクリートを打ち直し、樹脂注入を行って耐力を回復させ、再利用する。この効果の確認は、計算ならびに実物破壊試験等によって行われ、さらに目に見えない基礎などの健全度は衝撃試験により確認を行った。そして、地震から81日後の1995年（平成7年）4月8日には、山陽新幹線新大阪～姫路間は運転再開となった。

●新潟県中越地震

2004年（平成16年）10月23日17時56分、新潟県中越地方を震源とした新潟県中越地震が発生した。M6・8、震源の深さ13㎞の直下型地震であり、兵庫県南部地震以来、観測史上2回目の震度7を観測した。

この地震では、初めて、新幹線の営業用車両が脱線した。東京発新潟行き10両編成の下り「とき325号」は、浦佐駅を定刻（17時49分）に通過した後、その先頭が滝谷トンネル出口から出て、直線区間を約200㎞／hで走行中、大きな揺れとともに非常ブレーキが作動して停車した。当該列車は、10両中8両（20台車中12台車・40軸中22軸）が脱線したが、線路から大きくは逸脱せず、車両は連結を保持していた。乗客１５１名、乗務員２名及び車内販売員１名が乗車していたが死傷者はなかった。地震の最大加速度の観測値（防災科研）は、事故現場の南南西約９㎞の小千谷《おぢや》が１５０２ガル（震度７）、事故現場の北約７㎞の長岡（震度６弱）が５４４ガルであった。

国土交通省の鉄道事故調査委員会調査報告書（２００７年11月30日）は、脱線原因を、「先頭車両は突き上げられるような激しい縦揺れに襲われ、脱線転覆するといわれる９８０ガルを超える上方向の重力加速度が加わったため、瞬間的に車輪が浮き上がり、横方向の強い揺れで車輪がレールに戻れずに脱線した」としている。同省は「新幹線脱線対策協議会」を設置し、施設面、車両面で当面とり得る脱線対策の検討を行い、ＪＲ各社は、逸脱防止ガードの設置等、それぞれ具体策を講じるようになった。

例えば、各車両に４本ある車軸のそれぞれの外側に、逆Ｌ字型の鋼鉄製ガイドを設置し、脱輪してもガイドがレールに引っかかり最大20㎜ほどしか逸脱しない仕組みにする。震央から事故現場まで９・６㎞と近く、新幹線の自動停止装置が間に合わなかったことを考慮し、従来は地震検知から３・５６秒かかった時間を２・５６秒に短縮するよう非常停止装置の改良を行っている。

事故現場の高架橋・橋梁などの柱には、斜めの大きなひび割れのできるせん断破壊に高架橋や橋などが桁ごと落ちる深刻な被害はなかった。兵庫県南部地震で山陽新幹線の高架の柱や橋の橋脚が壊れたことを受け、JR東日本は、東北新幹線と上越新幹線の柱・橋脚の安全基準を見直し、軟弱地盤地域では、鉄筋コンクリートや鋼板を柱や橋脚に巻く補修を行っていた。当該現場付近では、地盤が液状化を起こし、地中に埋まっていたマンホールが1mほど地上に突き出ていた。軟弱地盤地域であり、もし、補修をしていなかったならば、柱や橋脚が折れて、高架橋が崩れていた可能性もあった。このような、地道な行為の積み重ねが、幸運を呼び、大惨事を一歩手前で防いだものと思われる。

●東日本大震災

２０１１年（平成23年）３月11日14時46分18秒に、牡鹿半島先端の東方約１２０㎞の深さ24㎞付近を震源とするＭ9・0、最大震度6強の地震、いわゆる東日本大震災が発生した。

地震発生時に、東北新幹線の営業列車は19本（このうち岩手・宮城・福島県内は10本）が走行中で、８本が駅で停車中であった。しかし、仙台駅構内で走行中の試運転列車を除き、全営業列車は、新幹線早期地震検知システムが機能し、無事減速し、脱線もせずに停車した。高架橋や橋脚の倒壊や落橋などの致命的な被害はなかった。土木構造物においては、高架橋の柱・中層梁、橋脚におけるコンクリートのひび割れ・剥離・鉄筋の露出等の損傷や桁のずれによる支承部の損傷などの被害が大半であり、電化柱において折損・傾斜が多数発生した。

ＪＲ東日本の新幹線早期地震検知システムでは、早期警報用地震計が、内陸型の地震に備えて東北新幹線沿線に平均13㎞間隔に計81カ所、海洋型の地震に備えて太平洋と日本海の沿岸に計16カ所設置している。この地震計は、Ｐ波による早期警報（Ｐ波警報）とＳ波の加速度の規定値（沿線40ガル、海岸１２０ガル）超過による早期警報（Ｓ波警報）を出す仕組みとなっている。なお、Ｐ波とＳ波の伝播速度は７㎞／ｓ、３～４㎞／ｓである。東日本大震災で、最初に地震を検知したのは、東北新幹線の線路からおよそ50㎞離れた牡鹿半島の先、金華山の警報用地震計であった。まずＰ波を検知したが、過去に経験のなかった連動型・広範囲の震源域を持つ地震であったために、マグニチュードの推定が低くなされてＰ波警報を発しなかった。このＰ波検知から24秒後に、同じ金華山の地震計が１２０ガルを超すＳ波を検知したためＳ波警報が発せられた。このＳ波警報により、列車運転中止基準値を超える強い揺れが到達する12～15秒前に電源が切れて非常ブレーキが作動した。

14時40分、定刻に新幹線総合車両センターから白石蔵王駅に向かった10両編成の試運転列車が仙台駅構内に進入中、運転士は強い揺れを感じると同時に、車内信号機に停止信号が現示されたので、直ちに非常ブレーキを使用した。列車の停止後、車内及び車外から列車を確認したところ、4両目の前台車の2軸が脱線していた。何故、試運転列車は脱線したのか。

2013年（平成25年）2月22日、国土交通省運輸安全委員会（鉄道）は、試運転列車の脱線事故原因について、報告書（概要）に次のように記載し公表している。

「脱線に至る過程としては、まず東北地方太平洋沖地震の周波数成分のうち、本事故現場の高架橋の固有周波数とおおむね一致する周波数成分が、構造物の共振現象により増幅されて高架上で大きな変位として現れたこと、そして、その周波数成分が、車両に上心(うわしん)ロールを生じさせやすい周波数帯にあったことから、本件車両に上心ロールが生じて脱線に至ったと考えられる。被害が拡大しなかったことについては、早期に列車を停止させるシステムが動作して脱線直前には低速になっていたこと、また逸脱防止ガイドが機能して本件車両が軌道から大きく逸脱しなかったことが関与したと考えられる」

兵庫県南部地震は、山陽新幹線下り一番列車発車時刻の15分前だった。「神様が下さった15分」と言われる。私は、当時の浅野史郎・宮城県知事から、「東北新幹線は大丈夫ですか」と聞かれた。

「1978年（昭和53年）の宮城県沖地震の時に東北新幹線は工事中でした。仙台駅手前の名取川橋梁の橋脚にひび割れが生じ、補修とともに設計を見直しました。東北新幹線は山陽新幹線より強いでしょう。でも、阪神・淡路の大震災の被害状況を見ると、絶対大丈夫とは言えません」と答えるのが精一杯であった。

新潟県中越地震では、兵庫県南部地震後の耐震対策の鉄板補強の高架橋は無傷だった。だが、新幹線電車1編成は長岡駅近くで脱線し大きく傾いた。この瞬間、対向列車がなく、乗客・乗務員全員無事だった。すれ違い列車がなかったのも、神様のお蔭、と手を合わせる思いだった。

東日本大震災では、中越地震後設置の地震検知装置や逸脱防止装置の効果で乗客乗務員全員無事だった。今度は、電化柱の耐震化、地震検知装置のP波対応などの課題解決に取り組んでいる。一山越えれば、また一山の地震対策である。地道に一山、一山越えることで、神様は微笑んでくださるものだと思う。

●熊本地震

２０１６年（平成28年）４月14日21時26分に、熊本市を震源とするM６・５の地震（前震）が発生し、引き続き、その28時間後にM７・３の地震（本震）が発生し、いずれの地震も震度7を記録した。九州新幹線は、新玉名〜新八代間約45kmで被害が発生した。14日の前震時、震源から約12・７kmの距離、熊本駅から南１・３km付近を約80km／hで走行中の車両基地への回送列車（6両編成）が全車軸（48軸）脱線した。

新幹線に近い熊本市西区春日の観測点では、前震で震度6弱・加速度６０４ガルであり、当該脱線箇所は、逸脱防止ガードは未設置であった。新久留米〜熊本間では営業車両が3編成走行していたが、いずれも安全に停止（うち2列車は逸脱防止ガード設置区間）した。

九州新幹線は、兵庫県南部地震後の新しい耐震基準によって作られたもので、震度6〜7の大きな振動を記録した地区についても、構造物の被害は高架橋コンクリートの軽微な被害が散見されるに留まった。東日本大震災において東北新幹線で多数発生し、運転再開のネックとなった電化柱（コンクリート製）の倒壊被害は、比較的軽量な鋼管柱を電化柱に使用した九州新幹線では全く発生が無く、防音壁のコンクリートパネルの高架橋外側への落下が、新玉名〜新八代間で86カ所発生した程度だった。地震発生時から不通となっていた九州新幹線は、まず、博多〜熊本間が運転再開し、そして、脱線車両を撤去し、震災後14日目で全線が運転再開となった。

動き出した新幹線鉄道の大規模改修計画

東海道新幹線は開業から50年余り、山陽新幹線は40年余り、東北（東京〜盛岡）・上越新幹線は35年余り、それぞれ歳月が過ぎている。土木構造物は丁寧な施工、適切な管理が行われれば、その寿命は100年とも言われる。在来線の東海道本線では、1925年（大正14年）までに開通の上野〜東京〜新橋間の煉瓦アーチ、1934年（昭和9年）竣工の丹那トンネルが、今なお、ともに、かくしゃたるものである。東海道新幹線が開業20年目の頃、国鉄施設局土木課は、運輸省国有鉄道監督局施設課からの照会に対し、「東海道新幹線の全体の耐用年数は、最も寿命を左右すると考えられる鋼桁の疲労に対する限度が100年以上になることから、適切な保守管理、部分的修繕を行うことにより100年以上は十分期待できる」と回答している。

しかしながら、前述のような地震被害等を受けて、国土交通省は、新幹線鉄道について、将来にわたり安定的な輸送を確保するため、２００２年（平成14年）６月、全国新幹線鉄道整備法を改正し、新幹線鉄道を保有し営業する主体（ＪＲ本州３社）に対し、開業後一定期間後に必要となる大規模大改修に必要な資金を予め引き当てさせることとした。最初に指定を受けたＪＲ東海はじめ、ＪＲ東日本、ＪＲ西日本は、大改修費用の一部への引当金積立計画の承認を受け、10〜15年間の積立て後に、10年間の工期で大改修を行うこととしている。各路線とも、開業から概ね50年目頃から大規模改修にとりかかることとなった。

整備新幹線では、所有が国であるために、大規模改修費用の引当金制度は適用されない。しかし、整備新幹線区間でも、開業後50年ほど経ったら、大規模改修をはじめなければならないのは同じである。１９９７年開業の北陸新幹線では２０４７年頃、２００２年開業の東北新幹線（盛岡〜新青森）では２０５２年頃、２００４年開業の九州新幹線では２０５４年頃となる。要するに、２０５０年頃以降は、新幹線施設の保有者である国は、そのＪＲからの貸付料収入を、新路線建設より大規模改修費用に振り向けねばならなくなる。

現在、北海道新幹線（新函館北斗〜札幌間）は２０３０年開業目標、北陸新幹線（敦賀〜京都〜新大阪間）は、工事着手２０３１年春、開業は２０４６年以降と言われている。どうやら、整備新幹線ルート完成後は、新規路線建設の資金は、極めて厳しい状況になりそうである。

今こそ望まれる狩勝実験線のような脱線実験線の新設

新潟県中越地震で、上越新幹線の走行中の新幹線電車が脱線したことを受け、逸脱防止ガードの設置等の脱線対策が行われてきている。だが、その効果を、実際の新幹線車両を使って脱線実験を行い検証したとの報道はない。

もう50年前になる。１９６７年（昭和42年）６月、国鉄は、車両脱線試験を行うため、北海道狩勝の廃線敷に脱線実験線を設けた。その発端は、１９６２年（昭和37年）５月３日の三河島事故（死者１６０人・負傷者２９６人）に続いて、１９６３年（昭和43年）11月９日におきた鶴見事故（死者１６２人・負傷者１２０人）にある。

とともに、脱線転覆した貨物列車が隣接線路の対向旅客電車に衝突した事故であった。特に、鶴見事故では、その第１原因となる貨物列車の脱線が、車両構造、貨物積載状況、線路状況、運転速度、加減速状況などの競合脱線とされた。しかし、国鉄は「競合脱線を理由にして、事故原因をあいまいにしておくことは良くない。どうしても脱線のメカニズムを解明する必要がある」と判断し、狩勝脱線実験線の設置を決断した。

12年にわたる脱線実験の結果、急曲線部の護輪軌条追加設置、車輪踏面の改良等、貨車の脱線防止策が提案され、今や旅客線の脱線防止にも用いられている。中越地震後の対策として取り上げられた、逸脱防止ガード設置の源流は、この狩勝脱線実験線での提言にある。

三河島・鶴見での脱線事故が大惨事にいたったのは、第2原因としての隣接線対向旅客電車との衝突にあった。そのため、その後、信号保安設備の強化が図られ、列車集中制御装置、自動列車停止装置、列車無線などが列車密度の高い線区に順次導入された。その結果、脱線列車が隣接線路の対向列車と衝突し死者が出る事故は、鶴見事故以来、２０００年(平成12年) 3月8日におきた営団地下鉄日比谷線中目黒駅事故を除いて発生していない。

鉄道として致命的な大惨事を防ぐには、その第1原因となる脱線転覆の防止が重要である。狩勝実験線廃止（１９７９年）から38年、車両の高速化・軽量化にあわせ、当時とは構造・材料など大きく変わっている。ドイツＩＣＥの脱線原因は、新形式車輪の疲労破壊であった。新幹線の車体も軽量化のため、航空機に近い面構造となっている。

鉄道は、レールの上を車輪が転がり、車輪の外周、刀のつばのような高さ数十ミリのフランジが脱線を防いでいる。勿論、それは、日々、高速車両試験台での各種走行条件に対応した安全性の評価、急曲線での脱線走行試験などにより十分検証されてはいる。しかし、試験台での検証だけで終わるのでなく、実車走行試験での検証も必要ではないか。

自動車には専用のテストコースがあり、実物車両の衝突試験が行われている。しかし、我が国の鉄道にはそれがない。鉄道も人の命を運ぶ事業である。絶対に安全との原子力神話を前提に、思考停止となり、電源停止やメルトダウンを想定しての異常時訓練を行っていなかったという、東京電力福島原子力発電所事故の轍を、新幹線は踏んではならない。

再び、脱線実験線を作れ、と提案する。

脱線実験線では、脱線のみならず火災・耐久性・衝突などの実車実験を行う。技術は生身の現場とのやりとりが欠かせない。鉄道各社、車輌メーカー共同で行うことだ。そこでは、人は育ち、成果は水平展開する。どこの現場にも、ヒヤリハット、の事例はある。事故とは、予期せぬ時に、予期せぬ場所で、予期せぬ形でおきるものである。シミュレーション等からの想像の姿を実地で検証するとともに、その実車実験の結果が、シミュレーションでは想像し得なかったもの、いわゆる予期せぬものの姿を浮き上がらせる。その「予期せぬことを少なくすること」こそが、実験線の基本的な役割である。

2000年（平成12年）6月、国土交通省は交通政策審議会鉄道部会の報告書「環境新時代を切り拓く、鉄道の未来像」の中で、試験専用線の整備を取り上げている。

兵庫県南部地震による山陽新幹線高架橋の崩落現場。1995年1月28日
筆者撮影

狩勝実験線でのワラ1形貨車を用いての脱線実験。後方の車両はマロネ40形寝台車を改造したマヤ40形試験車。1967年7月12日

「技術開発の円滑な推進及びその成果の評価のための試験専用線の整備について、費用対効果等を踏まえて検討するべきである」とあり、また、海外市場における国際競争力強化のため、「海外展開で求められる安全性や信頼性の検証・評価を円滑に実施するための試験専用線の整備について、費用対効果等を踏まえて、必要性を検討する必要がある」とも記載されている。

初めて、我が国の交通政策の一つとして、試験のための専用線の整備を取り上げたものである。だが、試験専用線の整備にあたっては、「費用対効果等を踏まえて」との条件が、随所についている。通常の技術開発や海外展開のための試験線なら当然のことと思う。しかし、この脱線実験線は、多数のお客様を乗せた列車の脱線転覆等による大惨事を如何に防ぐかの視点からのもので、費用対効果以前の問題と考える。鶴見事故の原因究明に向け、直ちに、狩勝での脱線実験を決断した、その国鉄の姿勢には、志と見識が感じられる。

切磋琢磨して新幹線ネットワークのさらなる向上を

東海道新幹線の営業開始は鉄道先進国の欧米諸国に大きな衝撃を与えた。それまで全く眼中になかった遠い極東の鉄道が、突然世界一速い営業速度の鉄道を作ったこと。だがそれ以上の衝撃は、高速の旅客専用の都市間鉄道を作れば、斜陽と言われていた鉄道の旅客輸送にも未来があることを示したことだった。一方、国内では、100年前、明治時代初め、外国人技師指導によって50年遅れでスタートした日本の鉄道技術が欧米を凌いだことが、みなに自信と誇りを与えた。

だが、国鉄からJR東日本と、新幹線の運行・車両開発の指揮を執った山之内秀一郎は、東海道新幹線開業から25年が経過した1990年（平成2年）に、次のように述べている。

「1982年（昭和57年）、東北・上越新幹線の大宮開業の時、〝東海道新幹線開業から、既に18年、変わったのは車両の色だけ〟とのフランス鉄道誌の評は、ショックだった。東海道新幹線は、交流電化、車両の制御方式、車両の台車、橋梁や枕木のプレストレストコンクリート（PC）などは欧米から学び、そして自分の技術にしたものであり、全体としてはすでに実証済みの技術の中から最も良いものを選んで一つのシステムにまとめ上げたという感が強い。だからこそ、それまでは最高速度120㎞／hの狭軌鉄道の経験しかなかった日本の国鉄でもスムーズに走らせることが出来た。……残念ながら、一部の人達に、〝日本の鉄道技術は世界一〟という一種の自信過剰を生んだ。……先進工業国と発展途上国の鉄道技術で何が違うかと言えば、新しい技術の開発能力と同時にメンテナンスと正確な運行技術が決定的に違うのである」

フランス国鉄（ＳＮＣＦ）は、自らの発想で高速鉄道車両の研究に着手し、１９７２年にはガスタービン車両の試験走行で最高速度３１８㎞／ｈを記録している。石油ショックによる燃費上昇を受け架線電車方式に変更し、１９８１年９月に、最初のＴＧＶ（le Train a Grande Vitesee）路線であるパリ〜リヨン間を、営業運転最高速度２６０㎞／ｈで開業した。東海道新幹線開業から17年後である。新幹線の営業最高運転速度が２４０㎞／ｈとなったのは東海道新幹線開業から21年後の１９８５年（昭和60年）である。また、ＴＧＶは、１９８９年５月に、試験走行で５１５㎞／ｈを記録した。当時の日本の最高速度は、１９７９年（昭和54年）、東北新幹線の高速試験での３１９㎞／ｈであった。

欧州鉄道路線の大半が標準軌であることから、ＴＧＶは大都市駅部では在来線に乗り入れ中間部は新線というルート選定であったこともあり、建設費の安さが評価され、逆に日本の新幹線建設費の高さが、内外で批判にさらされることとなった。

ドイツ国鉄も、１９６８年から最高速度２００㎞／ｈの営業運転を開始し、１９９１年６月には、前後に動力集中方式の13両編成の高速列車ＩＣＥ（Inter City Express）を、最高速度２５０㎞／ｈで営業運転を開始している。

この間、日本の国鉄は、高度経済成長の下、山陽（新大阪～博多）・東北（東京～盛岡）・上越（大宮～新潟）と、日本列島縦貫の新幹線ネットワークの骨組み創りの時期だった。国鉄の経営悪化、労働問題などが、速度向上などの技術革新の思考、行動を抑えていた。

国鉄の分割民営化が、内部補助のあり方を変えた。全国１本の国鉄時代は、東海道新幹線の収益の多くは、日本全国の路線維持に振り向けられ、全てを東海道新幹線のモデルチェンジに振り向けられることはなかった。分割民営化後のＪＲ東海は、東海道新幹線のキャッシュフローを東海道新幹線に振り向けられるようになった。その結果、スピードとシンプルさを求めた「のぞみ」ダイヤの実現が可能となり、リニア中央新幹線の着工へとつながった。

現在では、車両の軽量高速化、電子情報技術発達を受けての列車運転制御システムデジタル化により、営業最高速度は東海道新幹線２８５km／h、山陽新幹線３００km／h、東北新幹線３２０km／hとなっている。勿論、鉄道は最高速度を更新するだけで評価されるというものではない。マッハ２の超音速旅客機「コンコルド」は、コスト高と騒音から消えて行った。高速鉄道の技術評価も、性能、安全・安定性、コスト、環境、デザインなどの個別及び総合の両面でなされる。

新幹線が出現して50年以上が経つ。日々、日本全国各地で環境基準をクリアし、200km／h以上で走り続けている。最も評価されるべきは、この間、大きな事故が全く無いことである。

新幹線は、様々な分野の技術を採り入れ、再構成し、利用することにより成り立っている。各要素技術が高品質、高信頼度であること、及び、それを扱う現場技術者が優秀で、かつ、高い士気を持っていることが、その支えとなっている。新幹線のみならず日本の鉄道の高い安全性・信頼性は、ハードとソフトだけでなく、そこに人間が介在して成り立っている。24時間、365日、あらゆる現場で、鉄道をより良いものにしようと、無名の多くの人達の血と汗とが注がれている。現場ありてこそ、である。

JR東日本が東北・上越新幹線開業時の200系車両に代わる次世代車両の検討に入るにあたって、会長山下勇が「重量半分」を唱えた。山下は三井造船社長等を歴任した機械技術者であった。外部の専門家と部内の担当者が勉強会を持ち、真剣な検討や議論を続けるうちに、当初の否定論、悲観論が次第に肯定論、楽観論に変わって行き、飛行機や自動車の軽量化経験や構造を導入すれば、あるいはできるのではないか、となってきた。

1992年（平成4年）3月、環境対策、速度350km／h域での安定した走行性能、軸重8トンを目指し徹底した軽量化を図った新幹線低騒音高速試験電車（STAR21）9両編成が製作され、東北新幹線仙台～北上間で走行試験を開始した。平均軸重（空車）は、200系14・5トンに対し、非連接車（4両）7・6トン、連接車（5両）9・7トンとなった。その後、STAR21は、上越新幹線燕三条駅付近で最高速度423㎞／hを記録している。

山下は、「もし、重量を1～2割削減する目標なら、車体関係だけ頑張れば良いと、他の技術陣は本気にならない。半減となると、全技術者が自分の問題として一つの旗の下に結集する。（重量半分なら）今と同じエネルギーで300㎞／h運転が可能となる」と述べている。

「鉄道は、お客様相手に旅客や貨物を運ぶサービス産業に違いはないが、小売業とは本質的に違う。スピードと快適性、経済性と効率性を徹底的に追求するには技術を土台、中核としなければならぬ。唯我独尊の技術至上主義は誤りだが、物造りの喜び、創造の愉しみ、それらを自ら味わい、誇りにする精神を忘れては、そもそも鉄道マンは成り立たない。特に、地球より重い、大切な人命を預かる大量輸送機関として、安全性と信頼性を貫くには、何としても優れたエンジニア達を育てなければならない」とも述べている。この想いを具体化したのが、新津車両工場計画であった。純粋なソロバン勘定からは、わざわざ資金を投じて自社工場を建設し、要員を再訓練してまで車両を内製するよりも、専門メーカーに発注する方がはるかに安く合理的である。だが、山下はそうはしなかった。国鉄は、公共企業体として鉄道とその付帯事業に限定され、車両新造は、設計に係わる技術者にとっては、叶わぬ夢であった。車両の新造に係わることによって、改造、修繕に携わる技術者の視野も広がり、車両分野におけるマネージング能力も向上する。車両現場の士気も上がる。山下は、民営化で制約が外れたのを好機に、国鉄時代からのとかく技術部門を下に見がちな風土を変え、技術陣復権のバネにしようとした。

1992年（平成4年）7月に、新津車両製作所設立工事が着工した。工事中、山下はよく新津を訪れた。その都度、工場幹部に「社員諸君の眼は輝いているか」と聞いていた。1994年（平成6年）10月、新津車両製作所は操業開始となり、京浜東北線209系電車の製作にとりかかった。だが、山下は、その日を見ることなく同年5月逝去。

新津製作所の事務所前の石碑には、彼の座右の銘、「自啓不止」（自ら啓いて止まず）が刻まれている。新しい物造りに賭ける情熱と少年のような眼の輝きが思いだされる。

日本の経済成長戦略の一環として、新幹線の輸出が国策として行われるようになった。

我が国が外国の新幹線計画に関った最初は、国鉄がイラン国からの「費用は全額負担するから、約900km の高速鉄道を建設してほしい」との申し出を受けてのコンサルティングだった。マスタープラン及び基本設計のフェーズ1は完了し、詳細設計のフェーズ2を契約し着手寸前、1978年12月26日に王政打倒のイラン革命が始まり、フェーズ2の契約は自然消滅し、イラン高速鉄道プロジェクトは終わった。カントリー・リスクの洗礼だった。その後、国鉄は、アメリカ合衆国のカリフォルニアやフロリダ等の新幹線計画の調査に技術者を常駐させたりしたが、財源、自動車社会の壁から実現に至らなかった。

日本の新幹線技術が初めて生かされたのは、JR東海が係わり、2007年1月開業の台湾新幹線（台北～高雄間・約345km）である。欧州方式の基本設計と日本の新幹線方式との擦り合わせに、日本の技術者達は頑張り、ネガティブキャンペーンを跳ね返しての開業だった。

中国からの新幹線技術研修の要望を受け、JR本州3社・日本鉄道建設公団は新幹線運行及び建設、車両工場等の現場を案内した。国鉄技師長・公団総裁として新幹線建設の指揮を執ってきた岡田宏は海外鉄道技術協力協会の一員として数十回にわたり訪中し指導にあたった。その後、中国は日本等の技術を吸収し、自ら新幹線ネットワークを形成するに至った。学びに来ていた中国が今やライバルだ。東海道新幹線開業のとき、日本が交流電化技術を学んだフランス国鉄も、日本に対し、同じ思いを抱いたことであろう。今、新幹線ネットワークを計画しているインドも、ベトナムも、ブラジルも、どこの国でも、明治初頭、井上勝が思いえがいたように、いずれは自分達自身の手でと、鉄道技術の国産化を目指し、追いつき追い越そうとする。お互いさまだ。各国、切磋琢磨である。

日本は、独自の鉄道技術を持っている。大量・高速度・高密度・正確な列車運行、高速鉄道の運営・保守システム、耐震設計、在来線との鉄道ネットワーク、駅と一体の街づくりなどである。また、きめの細かい修理サービスと厳しい排ガス規制を乗り越えて、デザインに磨きをかけ、現地雇用をつくり、世界市場で競っている日本の自動車メーカー各社も身近に居る。日本の鉄道技術の海外展開、大いに望みありである。

日本の鉄道技術の輸出とはならなかったが、国鉄の技術者達が長年かかわり、相手国の人々と心の絆をつくりあげた、忘れてはならない技術プロジェクトがある。アフリカ大陸西端、大西洋からコンゴ河をさかのぼること200km、コンゴ民主共和国（旧ザイール共和国）の港町マタディに、コンゴ河にかかるアフリカ大陸唯一の長大吊り橋（中央径間

520m・全長720m）の建設である。鉄道と道路が併用できる規格で完成したが、道路橋として、1983年5月使用開始している。国鉄から派遣された技術者達は、ザイール共和国からコンゴ民主共和国への激動期に、酷暑の地で、マラリヤと闘いながらも無事に務めを果たした。

厳しい自然条件の下、使用開始から35年経った今も、マタディ橋は、日本の保守管理支援のもとに育った現地技術者達によってきれいに保全されている。伊勢志摩サミットで、「質の高いインフラ投資」の事例として取り上げられ、「日本は、長持ちするインフラを作る。もっと大切なことは、働く喜びや努力の尊さを、人々の心に残した。当時の技術者と現地作業員が再会に涙する友情を育んだ」と紹介された。技術輸出、金儲けになれば良い、というものでない。

どのような優秀な技術があっても、それが活かされる場があってのことである。健全な鉄道経営があって、鉄道ネットワークは活かされる。社会インフラは、活用されてこそ価値がある。

JR東日本の初代社長・住田正二は「20年間運賃値上げしなければ、世界の一流鉄道会社となる」と述べていた。今や、JR各社は、会社発足以来30年間にわたり、消費税以外の運賃値上げなしである。これは、運賃値上げをせずに債務返済する経営姿勢の成果である。国鉄改革時、国鉄再建監理委員会は、JR発足後5年目で運賃値上げを前提にJR各社の経営見通しを試算していた。

将来予測の多くは、過去からの傾向から考えて、ある前提をおいて推計した姿に過ぎない。将来の姿を実現するのは、過去、現在を知り、その上で、「こうありたい」「何故なのか」などを思い、そして、行動があってのことである。

時代背景は変わってきている。日本の総人口は増加から既に減少に向かっており、経済も高度成長から低位安定成長へと変わっている。私どもは、今、時代の峠道にいる。楽観的になることもないが、ただ悲観的になることもない。「強いから生き残ってきたのでなく、変化に対応してきたから生き残ってきた」とのダーウインの言葉がある。国鉄改革のコンセプトも、「変化への対応」であった。温故知新、勤勉実直な日本人にはその力がある。

東海道新幹線開業から50年、新幹線ネットワークは、大きな事故無く、技術革新を積み重ね、日本の社会経済の構造を大きく変えてきた。そして、新たな新幹線50年に入った今、新幹線ネットワーク３７００km、さらなる活用を目指し進化の時である。

あとがきにかえて――日本国有鉄道建設局のこと

東京駅丸の内北口広場に、井上勝の立像が戻ってきた。井上は、幕末、英国に密航留学した長州ファイブ（伊藤博文・井上馨・井上勝・遠藤謹助・山尾庸三）の一人であり、新橋～横浜間の鉄道敷設、鉄道国有化をはじめとする明治鉄道草創期のリーダーだった。

その丸の内北口駅前広場に面して、日本国有鉄道本社があった。空襲にも耐えられるよう屋上には古レールが埋め込まれた旧館と、戦後建てられた9階建て新館。屋上には殉職者を祭った鉄道神社があり、各階の大きな窓ガラスからは東京駅のパノラマが一望できた。

新館8階に本社の建設局、新幹線建設局、旧館に構造物設計事務所、工事積算室があった。蛍光灯の白い輝きが連なり、足もとまで書類一杯の事務机。日本全国の線路平面図や停車場配線図などを広げてのわいわいがやがやの議論、課長もヒラも関係なく、毎日、夜遅くまで続いた。

建設局の源流は、井上勝の鉄道寮から東京中央停車場・高架鉄道建設工事担当の岡田竹五郎の鉄道局新永間建築事務所にある。建設局の前身、建設部初代部長・藤井松太郎は「トンネルの松」とも言われ、後に国鉄総裁としてスト権ストに対応し、2代目建設部長・大石重成は、幹線調査室長として東海道新幹線の投資計画をまとめ、地元交渉の一切を引き受け、工事の総指揮を執った。

東海道・山陽・東北・上越新幹線建設工事の頃、課長室の面々は、海軍兵学校・陸軍幼年学校、及び旧制中学・旧制高校・工業専門学校卒業の旧制組だった。課長室からは、日々、六三制・新制高校・新制大学卒業の新制組の大部屋にシートノックの球が飛んでいた。

「建設局は、常に新しいプロジェクトを考え、それを提案し実施に移すところだ」、「鉄道建設は金と時間がかかる。第一は国家・国民のためになること、次に国鉄のためになること、三番目があるとすれば建設局のためになること、その逆は絶対に駄目だ」、「君らの世代は、まるでＪＩＳ規格の鉛筆だ。どこを切っても同じ、全く独創性がない。君らは先輩の遺産を食い潰しているだけだ。もっと、頭を使って、新しい鉄道計画を作れ！　そうかと言って、土木屋だけの唯我独尊になるなよ。列車を動かしているのは旅客局や運転局だ。彼等の理解無くして何も進まない」、「法律や規定は人が作ったもの。所詮その基本は世の常識だ。法律や規定の条文通りやるなら誰でも出来る。難しい協議をまとめるのは、その但し書きを如何に読むかである。良い意味での悪知恵が必要だ」、「頭を下げても尻尾が上がっていると思え、ただ、職だけは汚すな！」

課長室の面々は、叱咤だけでなかった。鈴木秀昭課長は、工事局現場職員の繕いだらけぼろぼろとなっている作業着・制服を、なんとか取り替えねばと動き回った。江島淳課長は、集団交渉の矢面に立ち、「俺も現場の仕事人間だ、お互い働いてなんぼだ！」と労働組合の説得にあたり、一人黙々とロッカーに汚く貼られた組合ビラを剥がしていた。彼は、海軍兵学校江田島の出身、気力溢れ、兵学校講堂の掲額「五省」を地で行く方だった。

「五省」とは、「1．至誠に悖るなかりしか　1．言行に恥づるなかりしか　1．気力に欠けるなかりしか　1．努力に弛み憾みなかりしか　1．不精に亘るなかりしか」とあり、海軍兵学校生徒は、朝夕、額を仰ぎ唱和反省したという。

「労使関係、その良し悪しは、お互いの鏡」と言われる。使用者側だけで仕事が出来るわけではない。現場職員と一体となってこそ業務は無事遂行される。

集団のわぁーっとの声にぐるっと取り囲まれての団体交渉、組合側の真ん中に、いつも彼、下関工事局出身の国鉄労働組合本部特別中央執行委員・中島昌幸の姿があった。誰しも「中島さん」とは呼ばず、「しょうこうさん」と呼んでいた。小柄だが、ちょっと小太りで、人懐っこい目で話しかける彼には、それがぴったりであった。しかし、声は大きく、「ばってん、そげんなことでは、交渉止めた、止めた……」と叫びつつ我々に圧力をかけると同時に、後ろの組合員をも説得していた。まさに、一方の旗頭であった。山陽新幹線博多開業後の東北新幹線建設への工事局職員の配置転換交渉、下関から福島へ約１２００㎞の移動だけに揉めに揉めた。その最中、彼、ひょっこり、建設局の大部屋に来て曰く、「工事局の誰しも、鉄道を作ることに誇りと夢を持っています。労働条件はしっかり詰めさせて貰いますが、何処にでも行きますよ。それより建設局、辛くても、性根を据えて貴方方の主張を貫きなさい。私も、それが皆の為になると思う」

福島では、「長州が会津の応援にきた」と言われたが、薩摩芋焼酎が仲を取り持ってくれた。

それから10年、東北新幹線が盛岡から上野まで開通した頃、昌幸さんは体調を崩し、折からの国鉄改革の嵐、「建設屋の無理な投資で国鉄は破綻した」との大合唱に寝てもおられず、下関の自宅から、身銭を切って飛行機で東京に飛び、工事局の将来を案じ、あれこれ動き回っていた。

１９８６年（昭和61年）11月27日、国鉄改革法案は、参議院国鉄改革特別委員会にて可決された。郷里山口県選出の参議院議員となっていた江島淳課長は、委員会与党理事として採決寸前まで野党理事とやりあっていた。起立賛成多数の光景を、私は政府委員席の末席から拝見しながら、「今、時代の歯車が回って行くな」との感慨だった。出向先の運輸省へ歩いて帰る夕暮れ迫る国会構内、黄色の銀杏の落ち葉が風に舞っていた。

翌年１９８７年（昭和62年）３月、国鉄解体とともに、本社建設局も地方工事局も消えてなくなった。その1カ月ほど前、江島参議院議員も、中島国労執行委員も、ともにＪＲ発足を見ることなく忽然と去って逝った。

新幹線ネットワークの形成は、日本鉄道建設公団（現・鉄道・運輸機構）・ＪＲに引き継がれ、30年後の今、「新幹線総延長約３７００㎞達成」が目に見えて来ている。

いくら夢を思い浮かべても、それを実現するための手立てを考え、技術を開発し、人を説得するなど、行動を起こさねば、それは夢で終わってしまう。批判をするだけでは夢は実現しない。夢の実現に向けての行動があってはじめて世の中は変わって行く。それは、高度経済成長期だろうが、人口減少期だろうが、いつも同じことである。

誰しも、ただ一度の人生。

海軍兵学校の「五省」の一つ、「気力に欠けることはなかりしか」は、今も生きている。

２０１７年（平成29年）９月　高松良晴

「東京～大宮間工事実施計画の変更（上野駅）」（国鉄常務会資料）・1977年11月
「新幹線上野駅誕生秘話」（岡部達郎）・1993年9月
「東北新幹線（上野～大宮間）工事誌」（日本国有鉄道）・1986年2月
「荒川～大宮間、トンネルから高架橋へ変更」（国鉄常務会資料）・1980年10月
「東北本線赤羽～大宮間線路増設（通勤別線）の申請」（国鉄常務会資料）・1978年10月
「通勤新線（赤羽～宮原間について）」（国鉄常務会・高橋浩二）・1978年9月
「大宮～伊奈町間新交通システムについて」（国鉄常務会資料）・1979年12月
「埼玉新都市交通に対する出資について」（国鉄常務会資料）・1980年1月
「東北新幹線建設の回想（口述）」（向井軍治）・2009年10月
「国鉄改革に関する意見（鉄道の未来を拓くために）」（国鉄再建監理委員会）1985年7月
「東北新幹線（上野～大宮間）建設の経緯（口述）」（住田正二）・2008年3月
「御徒町駅付近陥没事故究明報告書」（御徒町事故究明委員会）・1990年5月
「東北新幹線東京～上野間建設完成検査報告（講評要旨）」（白取主任検査員）1991年6月

●東北新幹線（大宮～盛岡）

「東北新幹線工事誌（大宮～盛岡間）」（日本国有鉄道）・1983年3月
「東北新幹線工事誌（黒川～有壁間）」（国鉄仙台新幹線工事局）・1983年3月
「東北新幹線に関連する貨物用地の取得について」（国鉄常務会資料）・1971年12月
「貨物鉄道百三十年史（上巻・中巻）」（JR貨物）・2007年6月
「国鉄貨物経営改善の方向」（国鉄常務会資料）・1970年2月
「東北新幹線関連貨物駅の新設について」（国鉄常務会資料）・1972年11月
「北上操車場新設の工事費改訂について」（国鉄常務会資料）・1976年12月

●上越新幹線（大宮～新潟）

「上越新幹線工事誌（高崎～水上間）」（日本鉄道建設公団東京新幹線建設局）
「上越新幹線工事誌（水上～新潟間）」（日本鉄道建設公団新潟新幹線建設局）・1983年3月
「上越新幹線を語る－ルート選定（口述）」（大平拓也）・1998年2月
「大清水トンネル火災」（前田建設・北嶋正義）・1970年3月
「昭和56年豪雪の記録」（新潟県知事・君健男）1981年6月
「シンポジュウム・56豪雪」（新潟鉄道管理局・高松良晴）・1981年10月
「ラッセル車ダウン－運転は15本だけ」読売新聞・1981年1月14日
「国鉄、自衛隊出動要請せず」新潟日報・1981年1月17日

●整備新幹線

「国鉄改革に関する意見（鉄道の未来を拓くために）」（国鉄再建監理委員会）1985年7月
「国土空間の将来像－整備新幹線の意義と役割」（三菱総合研究所）・1985年12月
「費用対効果分析適用の意義と残された課題」（榊原）航政研シリーズ411・2002年7月
「鉄道ルート形成における予測と実績」（高松良晴）「交通と統計」2012年9月
「整備新幹線計画－財源等検討委員会WGメモ」（運輸省国有鉄道部施設課）・1986年1月
「新幹線施設買収の経緯」（東日本旅客鉄道二十年史）・2007年10月
「既設4新幹線の売却と売却益を活用した鉄道助成」（国土交通省資料）
「全国新幹線整備法第13条（建設費用の負担）改正」　1997年5月
「整備新幹線未着工区間の収支採算・投資効果の確認」（交通政策審議会）2012年4月
「未着工（函館～札幌・金沢～敦賀・諫早～長崎）認可」交通新聞2012年7月2日
「整備新幹線計画を振り返って（座談会）」（高松良晴他）「運輸と経済」・2016年5月

参考文献・資料一覧

●東海道新幹線（東京〜新大阪）

「超特急列車の一構想」（三木忠直）「車両技術」・1954年7月
「高速鉄道技術の黎明」（松平精）「RRR」国鉄鉄道技術研究所・1993年3月〜5月
「新幹線物語・技研講演会」読売新聞・2000年9月26日〜10月2日
「志に生きたリーダー達・十河信二」（塩田潮）産経新聞コラム
「新幹線の誕生、夢の超特急、0系新幹線」（鉄道博物館学芸部資料）
「東海道新幹線輸送量想定（開業時）」（日本国有鉄道百年史第12巻）
「新幹線の軌間と車両限界」（新幹線50年史・交通協力会）・2015年3月
「新幹線の設計荷重について」（西亀達夫）国鉄構造物設計事務所資料
「東海道新幹線の設計基準（1）」（国鉄構造物設計事務所）「土木技術」第2巻1号
「全国新幹線網建造物設計基準(東北・上越・成田用)」（日本国有鉄道）・1972年6月
「東海道新幹線の保線」（深沢義朗）「仁杉学校記念文集」2014年3月
「新幹線東京ターミナル決定の経緯」（宮沢吉弘）・1991年2月
「東京駅ルート」（鉄道施設技術発達史）鉄道施設協会・1994年1月
「丹那トンネルの話」（鉄道省熱海建設事務所）復刻版
「かくしゃく丹那トンネル」交通新聞・1994年
「東海道新幹線工事誌」（国鉄名古屋新幹線建設局）
「東海道新幹線工事誌（土木編）」（国鉄東海道新幹線支社）
「東海道新幹線の工事費増額について」（昭和37年度国鉄監査委員会報告書）
「名神高速道路建設誌（総論）」（日本道路公団）・1966年3月
「東名高速道路建設誌」（日本道路公団）・1969年5月
「中央高速道路工事誌」（日本道路公団高速道路八王子建設局）・1970年3月
「静かさを返せ！一物語・新幹線公害訴訟」（名古屋新幹線公害訴訟弁護団）・1996年4月
「名古屋市平成27・28年度新幹線騒音・振動実態監視結果」（名古屋市）・2016年8月
「スーパーレールカーゴ運行開始」（貨物鉄道百三十年史・中巻）・2007年6月
「東京の鉄道ネットワークはこつくられた」（高松良晴）交通新聞新書・2015年6月

●山陽新幹線（新大阪〜博多）

「山陽新幹線（新大阪〜岡山間）建設工事誌」（国鉄大阪新幹線工事局）・1972年6月
「山陽新幹線（岡山〜博多間）工事誌」（国鉄新幹線総局）・1977年3月
「山陽新幹線（岡山〜小瀬川間）工事誌」（国鉄広島新幹線工事局）・1973年3月
「山陽新幹線（小瀬川〜博多間）工事誌」（国鉄下関工事局）・1976年3月
「全国新幹線鉄道整備法制定の裏話」（山口真弘）交通新聞・1995年4〜9月
「スラブ軌道を健全に保つ」（高橋貴蔵他）「RRR」・2008年11月
「新幹線ここまでやらなきゃ走れない」（岡部達郎）・1997年1月
「在来線関門トンネルの建設」（日本国有鉄道百年史第11巻）・1973年3月
「山陽新幹線の建設について」（島田隆夫）「土と基礎」・1975年10月」
「山陽新幹線トンネル・高架橋のコンクリート構造物」(会計検査院平成11年度決算報告書)

●東北新幹線（東京〜大宮）

「東京駅北口駅前広場について」（国鉄常務会資料）・1963年12月
「東京駅新幹線発着線増設について（2面4線化）」（国鉄常務会資料）・1965年12月
「東北新幹線等乗り入れに伴う東京駅改良（4面8線化）」（常務会資料）1975年1月
「東北新幹線東京駅乗り入れについて」（国鉄常務会資料）・1978年1月
「東京駅改良工事費の増額改定について」（国鉄常務会資料）・1978年2月
「東京駅周辺整備計画（講演）」（田中正典）・2005年9月
「社会情勢の変化と東京の都市構造の変遷」（東京都都市整備局メモ）・2009年1月
「東京の都市計画に携わって一山田正男氏に聞く」（東京都新都市建設）・2001年7月
「東京駅周辺地区総合整備基礎調査報告書」（国土庁・運輸省・建設省）・1988年3月
「空中権使う再開発本番」日本経済新聞・2006年9月
「品川駅東口地区再開発地区計画概要」（サイト資料）

「北海道～本州間の物流支える青函トンネル－開業20周年」交通新聞・2008年3月9日
「北海道内～道外の輸送実績（2014年値）」（北海道運輸局）
「JR北海道貨物輸送対策：トレインーオンートレイン」交通新聞2010年4月26日
「青函共用走行の検討状況」（国土交通省鉄道局）
「共用走行に必要となる専用新型電気機関車の開発と費用支援」（JR貨物）・2016年2月
「新在共用、順調に推移－JR貨物－」交通新聞2016年6月7日
「札幌駅」（JR北海道・小西康人）「日本鉄道施設協会誌」2010年11月
「札幌高架の開業」（鷹嘴克夫）「鉄道と電気」1989年2月
「駅が大きなマチに－札幌駅南口総合開発とJRタワー」（坂本真一）「地域開発」2007年2月
「追悼・坂本真一の孤独と喪失」・「財界さっぽろ」2014年3月
「北海道、四国及び九州JR各社の経営状況」（会計検査院検査報告書）2016年2月
「JR北海道、単独での維持困難線区10路線13区間を公表」交通新聞2016年11月22日
●九州新幹線（長崎ルート：鳥栖～長崎）
「長崎ルート着工認可」交通新聞2008年3月28日
「270キロ走行に成功　フリーゲージトレイン」交通新聞2010年1月7日
「フリーゲージトレイン耐久走行試験の一時中止」（鉄道運輸機構・JR九州）2014年12月
「過酷な条件下では課題も－国交省FGT改良台車の試験結果」交通新聞2016年11月28日
「フリーゲージ、開業が間に合わない根本原因」東洋経済オンライン2016年11月27日
●地震対策
「宮城県沖地震（1978年2月20日・6月12日）」・国鉄東北新幹線工事誌（大宮～盛岡間）
「大正12年関東大震災震害調査報告書」（土木学会）・1926年～27年
「兵庫県南部地震、耐震設計の推移（メール）」（石橋忠良）・2017年5月31日
「活断層に配慮した山陽新幹線新神戸駅の構造」（近藤政弘）「地質調査」2015年2月
「現地と記録から見た震害の実情と課題（福井地震・新潟地震）」（池田俊雄）2014年3月
「阪神淡路大震災特集－第3回－」・「土木学会誌」1995年6月
「阪神淡路大震災、技術支援および被害状況調査報告」（JR東日本）・1995年3月
「橋は何故落ちたか-兵庫県南部地震の教訓」（川島一郎）「学士会報」1999年1月
「上越新幹線における列車事故に係る事故調査委員会最終報告書」・2007年11月
「中越地震後の東海道新幹線の脱線逸脱防止対策」（JR東海）「鉄道施設協会誌」2010年4月
「上越新幹線脱線事故は失敗に学んだ大成功例」（畑村洋一郎）（Safety Japan日経BP）
「東日本大震災における東北新幹線の被害と復旧状況」（国土交通省鉄道局）・2011年4月
「強震波形・平成23年東北地方太平洋沖地震各観測点での最大加速度（ガル）」（気象庁）
「仙台駅構内列車脱線事故報告書」（鉄道運輸安全委員会）2013年2月
「新幹線脱線メカニズム解明と地震対策」（堀岡健司）「JREAST Tec.Review No.45」
「神様の微笑み」（高松良晴）「NPOつくしくらぶ季刊誌」2011年6月
「熊本地震広域交通ネットワーク調査報告書」（土木学会・家田仁他）・2016年5月
「熊本地震における九州新幹線土木構造物被災状況」（中島英明）「JREA」2016年11月
●防災・事故対策
「JR東海、東海道新幹線の大規模改修工事に着手」　交通新聞2013年4月
「東海道新幹線土木構造物の大規模改修工事」（関雅樹他）「JREA」2013年10月
「新幹線鉄道大規模改修引当金積立計画の承認」（国土交通省鉄道局）・2016年3月
「山陽新幹線土木構造物の大規模改修工事の概要」（山下健他）「JREA」2016年12月
「鉄道における脱線実験線」（高松良晴）「JREA」2009年9月
●新幹線技術の切磋琢磨
「JR東海16年間の経営戦略」（葛西敬之）・「日本交通協会講演録」2002年11月
「さらなる高速化へ、騒音を低減」（鉄道総研）交通新聞2013年4月3日
「山下勇の技術と生涯」（山下勇編著）・1995年5月
「952/953形式新幹線低騒音高速試験電車」（JR東日本パンフレット）
「次の段階の製造業を目指して」（JR東日本新津車両製作所長半田正章）
「日本とフランスの鉄道の高速化」（山之内秀一郎）「日仏工業技術」1990年第3号
「21世紀を見通した鉄道」（山之内秀一郎）鉄道総研講演会・1994年10月
「イラン国テヘラン～マシャッド間の高速鉄道計画」（菅原操）・2014年3月
「コンゴ河に建つ日本・ザイール記念碑－マタディ橋－」（溝畑靖雄）「JREA」2016年10月

●北陸新幹線（高崎～長野～金沢～大阪）
「北陸新幹線（高崎～長野間）建設工事誌」（日本鉄道建設公団北陸建設局）
「1989年1月、政府与党申し合わせ」（運輸省暫定整備案で高崎～軽井沢間フル着工）
「1996年12月、政府与党合意」（長野～上越間フル着工）
「2004年12月、政府与党申し合わせ」（長野～金沢間全線フル規格化）
「北越北線（六日町～犀潟間）工事誌」（日本鉄道建設公団関東支社）・1998年10月
「ほくほく線開業、一番列車快走」・新潟日報・1997年3月
「飯山トンネルと鍋立山トンネルの比較」（日本鉄道建設公団資料）1998年10月
「北陸新幹線飯山トンネル」（鉄道・運輸機構）「土木学会誌」・2009年4月
「北陸新幹線(長野～富山間）北アルプス短絡ルート」（鉄道・運輸機構）・2008年9月
「正橋正一富山市長との会談メモ（富山駅高架化）」（高松良晴）・2000年10月25日
「富山駅周辺整備事業の概要」（富山市）
「北陸本線金沢駅付近高架化事業の概要」（西村光）「建設の機械化」・1987年5月
「金沢駅東広場」（金沢市公式ホームページ）
「金沢駅西開発の概要」（笠間悟）・ネット検索
「北陸新幹線の雪害対策設備の概要」（鉄道・運輸機構・加藤正樹）「R&H」・2015年4月
「新幹線福井駅高架橋を一時借用のえちぜん鉄道高架化」（矢島康一）・2015年4月
「公共交通再生の先駆例・福井」交通新聞・2017年2月9日
「新北陸トンネル周辺の地質と施工状況」(田中大二郎)「地盤工学会誌」2015年9月
「北陸新幹線敦賀～大阪間のルートに係る調査」（国土交通省鉄道局）・2016年12月
「北陸新幹線京都～新大阪間のルートに係わる調査」（国土交通省鉄道局）・2017年3月
「北陸新幹線敦賀以西ルート、小浜・京都に正式決定」交通新聞2016年12月22日
●九州新幹線（鹿児島ルート：博多～鹿児島中央）
「九州新幹線（新八代～西鹿児島間）工事誌」（日本鉄道建設公団九州建設局）・2005年3月
「熊本駅付近連続立体交差化事業」（海老原毅他）・2007年7月
「熊本駅付近、都市側面整備事業」（九州新幹線建設局資料）・1998年4月
「熊本駅付近、連続立体交差と新幹線（九州新幹線建設局資料）・1998年4月
「シラストンネルでの水砕スラグ路盤」（日本鉄道建設公団設計室資料）・1999年1月
「生まれ変わる博多駅」（中島剛志）「鉄道施設協会誌」・2010年6月
「JR博多シティ開発プロジェクト」（JR九州・博多ターミナル㈱）
●東北新幹線（盛岡～新青森）
「東北新幹線工事誌（盛岡～八戸間）」（日本鉄道建設公団盛岡支社）・2003年3月
「東北新幹線工事誌（八戸～新青森間）」（日本鉄道建設公団盛岡支社）
「長かった四半世紀、東北新幹線八戸～新青森着工」・「東奥日報（夕刊）」1998年3月28日
「やっと乗れた、青森から新幹線38年の悲願」読売新聞・2010年12月5日
「高速道路50年史」（本州高速道路3社）・2016年11月
「人生八十年、前青森県知事北村正哉の軌跡」・2000年7月
「八甲田トンネル掘削残土酸性水溶出の判定手法」（服部修一他）「応用地質」・2007年6月
「東北新幹線八甲田トンネル」（阿部信介）「日本鉄道施設協会誌」・2011年1月
「雪害対策の概要（八戸～新青森間）」（鉄道・運輸機構東北新幹線建設局パンフ）
「雪害対策の取り組み（八戸～新青森間）」（野田軍治）「日本鉄道施設協会誌」・2011年1月
「山形新幹線－鉄道の復権－」（鹿野道彦）・1992年6月
「紅花－山形新幹線開業－」（高松良晴）「NPOつくしくらぶ季刊誌」・2012年6月
「山形新幹線・秋田新幹線・新庄延伸工事の比較（JR東日本資料）・1999年10月
「秋田駒ヶ岳イヌワシ、自然の象徴として保護を！」毎日新聞1996年5月
「貨物列車の新線3線軌走行方式について」（JR北海道・東・西日本・九州）・1996年12月
「貨物列車の整備新幹線走行－新線3線軌条方式について」（JR東日本）・1997年5月
「盛岡～八戸間の鉄道貨物輸送経路について」（国土交通省鉄道局）・1999年6月
●北海道新幹線(新青森～札幌）
「青函連絡船100年」（青函連絡船の会）・2007年7月
「津軽海峡線工事誌」（日本鉄道建設公団）・1990年2月
「津軽海峡線工事誌（上巻・下巻・工程表）」（鉄建公団青函建設局）・1990年3月
「公共工事・共同企業体の偏重やめよ」（高松良晴）「朝日新聞・私の視点」2002年10月10日

高松良晴（たかまつよしはる）
元・日本国有鉄道建設局技師、技術士（建設部門）、土木学会名誉会員。1939年生れ。1962年日本国有鉄道入社、東日本旅客鉄道、日本鉄道建設公団と40年余りにわたり、主として鉄道建設及び改良工事に従事。その間、運輸省国有鉄道部技官として国鉄改革法案審議に参画し、最後の鉄道現場は、鉄道主任技術者としての埼玉新都市交通（ニューシャトル）。著書に『もう一つの坂の上の雲 鉄道ルート形成史』（日刊工業新聞社、第37回交通図書賞）、『東京の鉄道ネットワークはこうつくられた』（交通新聞社新書、2015年度日本鉄道施設協会著作賞）がある。

交通新聞社新書115
新幹線ネットワークはこうつくられた
技術の進化と現場力で築いた3000キロ
（定価はカバーに表示してあります）

2017年10月16日　第1刷発行

著　者――高松良晴
発行人――横山裕司
発行所――株式会社　交通新聞社
http://www.kotsu.co.jp/
〒101-0062　東京都千代田区神田駿河台2-3-11
NBF御茶ノ水ビル
電話　東京（03）6831-6550（編集部）
東京（03）6831-6622（販売部）

印刷・製本―大日本印刷株式会社

ISBN978-4-330-82917-3